呼和浩特城市体育文化变迁的口述史

孟欣欣　张宇峰　著

吉林出版集团股份有限公司

全国百佳图书出版单位

图书在版编目（CIP）数据

呼和浩特城市体育文化变迁的口述史 / 孟欣欣，张
宇峰著. -- 长春：吉林出版集团股份有限公司，
2022.11

ISBN 978-7-5731-2789-1

Ⅰ. ①呼… Ⅱ. ①孟… ②张… Ⅲ. ①体育文化－文
化史－研究－呼和浩特 Ⅳ. ①G812.97

中国国家版本馆 CIP 数据核字(2023)第 011515 号

呼和浩特城市体育文化变迁的口述史
HUHEHAOTE CHENGSHI TIYU WENHUA BIANQIAN DE KOUSHUSHI

著　　者　孟欣欣　张宇峰
出 版 人　吴　强
责任编辑　尤　蕾
助理编辑　杨　帆
装帧设计　瑞天书刊
开　　本　710mm×1000mm　1/16
印　　张　9.75
字　　数　170 千字
版　　次　2022 年 11 月第 1 版
印　　次　2023 年 8 月第 1 次印刷

出　　版　吉林出版集团股份有限公司
发　　行　吉林音像出版社有限责任公司
　　　　（吉林省长春市南关区福祉大路5788号）

电　　话　0431-81629667
印　　刷　吉林省信诚印刷有限公司

ISBN 978-7-5731-2789-1　　　定　　价　52.00 元
如发现印装质量问题，影响阅读，请与出版社联系调换。

摘　要

文化是一座城市的灵魂，是城市发展与繁荣的精神力量与最终价值。体育文化是城市文化中不可或缺的组成部分，是城市文化中最具活力和开放性的内容。城市作为记录体育文化发展与变迁的重要载体，是构建现代体育文化流变的"记忆场"。

本研究选取呼和浩特市体育文化作为口述史讲述主题，以亲历呼和浩特体育文化变迁的未名人士作为口述访谈对象，对中华人民共和国成立以来呼和浩特市体育文化变迁的历程进行了收集、整理与分析，运用文献资料法、口述史研究法、观察法等研究方法，以"人""事""物"为核心记忆要素，从社会记忆视角弥补呼和浩特市体育史记录的缺失，捕捉该市体育文化发展的时代特征与社会特征，为呼和浩特市体育文化史研究提供更多文献，推动本地城市体育记忆项目的建设，助力呼和浩特市体育文化健康发展。

通过研究发现：（1）体育文化是城市文明发展的重要组成部分，对提高城市影响力，深化城市文化底蕴，营造学校体育教育积极氛围，促进竞技体育健康发展，提升广大市民体育参与度有着深远意义。（2）中华人民共和国成立以来，呼和浩特市学校体育教育发展迅速，学校师资水平大幅提高，全市校内体育场地设施配置良好，教学器材得到升级改造。（3）群众体育文化发展呈现良好势头。近年来，呼和浩特市举办了丰富的大型群众性体育活动，在全社会营造了积极的体育锻炼氛围。同时，通过不断加大群众体育活动场地建设方面的资金投入，呼和浩特市逐步建成"一线两带"格局的体育场地。

市民体育锻炼动机向消遣性和交际性方向发展，但还未能对参与体育活动的市民进行合理分流，市民在实际参与体育活动锻炼中容易聚集，造成场地拥挤现象。（4）呼和浩特市体育文化发展呈现阶段性特征，群众体育热门项目经过多次更迭，从传统的"草原三艺"到当代非常受欢迎的冰雪运动、广场舞、笼式足球等，群众体育运动项目向更加现代化的方向发展。（5）在国家政策、多民族相互融合、重大体育赛事、主流媒体等因素交互作用的影响下，呼和浩特市传统体育文化逐渐发展成以乐观、勇敢、拼搏、创新为主题的"新城市体育文化基因"，在吸收现代体育文化精粹的同时也不断引领带动着自治区其他盟、市、县、旗体育文化发展。

本次研究结论为：（1）社会记忆以个体记忆为基础而得以呈现，个体记忆又依附于社会框架而存在。个体记忆与现存历史文献都可以反映出一定的历史事件，但个体记忆富含细节和主观情绪，更为细腻，能够更加生动形象地反映历史。（2）档案、年鉴、报纸、书籍等文献资料与个体记忆的口述史料是同时依附于社会框架而存在的两个方面。在研究地区体育文化发展时，应以文献资料为枝干，以口述史料为枝叶，两者相互求证，相辅相成。需要注意的是，文献资料并不完全可信，除社会个人撰写的文献资料外，有些官方记载的文献资料也可能因记载者视角不同造成内容上的偏差，引用此类文献资料时需要进行多方求证。（3）由于个人知识、观念、年龄、时间、职业等原因，口述者对过往历史的记忆很难做到完全准确，甚至有可能出现错误，因此对整理出的口述史料文本不能照本宣科，应运用理性思维经多次、多方求证后形成最终结论。此外，在开展口述史研究的过程中还必须以可靠的文本资料作为佐证，以此来确保研究内容的详实性。（4）口述史料能够反映一部分真实的历史内容，是对文献资料的必要补充，但口述史研究中可能掺杂着口述者的个人情感和经历导致所得口述内容偏向主观性，人们无法预估个人情感以及控制个人情绪，因此，在开展口述史研究的过程中，访谈人须运用熟练的访谈技巧来对口述人进行引导，否则将会影响口述史的整体效果。

目　录

第一章 导言

第一节 问题的提出

口述史也称作口碑史学，在国际上被视为一门专门学科，是一种通过收集和整理口述史料来研究历史的方法。口述史研究法是通过访谈人对受访者所亲历的历史事件进行挖掘和记录形成的个人记忆来实现对社会的记忆和认同的一种研究方法。20 世纪 20 年代，法国学者哈布瓦赫首次提出集体记忆理论这一概念，他认为，个体记忆并不是孤立的，个体记忆依附于特定的社会环境和社会框架之中，每个人的个体思想置身于这些社会框架之中，并自觉汇入到能够进行记忆的场域之中。由此可见，口述史记录不仅可以反映个人的生活方式、心路历程、社会关系、个性特征、身心状况和表述方式等信息，也能够反映与受访者个人经历有关的社会背景、指导思想、价值观念乃至重要的社会事件和具体表征。

社会记忆理论诞生于美国学者保罗·康纳顿于 1989 年所著的《社会如何记忆》一书，书中首次将记忆划分为个人记忆、认知记忆以及社会记忆三种记忆形式。保罗·康纳顿认为，每个个体的记忆都具有社会性，身体实践先是作为一种操演语言，之后沉淀为身体惯性，并作为一种刻写和传播的重要载体，完好地保存和传承着人类群体的社会记忆。由此可见，体育运动作为一种以身体实践为基础的操演习练方式，本身就是一种传递和保存社会记忆的方式。在我国，特别是中华人民共和国成立以来，体育运动的发展一直是

1

镶嵌于社会框架之中运行的。不同时期的政治制度、经济状况、方针政策和指导思想，对人们的体育观念和参与行为都产生了深远的影响，不同历史时期的体育文化也都深刻地反映了当时的时代风貌。

在关于构建社会记忆的研究中，图书情报、档案管理学和信息科技学一直以来都是学界研究的主要阵地。档案作为社会记忆的重要载体，记录了一座城市体育发展历程中重要的事件，它往往以媒体报道、官方档案与资料、历史年鉴等形式记录并反映一个城市体育发展过程中所经历的社会变迁。然而，档案中所记录的大多是公共历史信息，如政策法规的颁布与实施，对重要文件和指导思想的公众解读，重大体育赛事的过程和结果，有突破意义的竞技成绩与纪录，公开的大型群体活动等内容，此类资料因其公共性而无法照顾到历史变迁中的个人记忆与情感体验，在记录社会记忆的过程中更多体现的是"自上而下"的官方视角和立场，所反映的信息也抽象而客观。

联合国教科文组织早在 1992 年便开始实施"世界记忆工程"项目，进而引起了世界范围内"城市记忆工程"项目的兴起。我国率先在天津和青岛两地进行"城市记忆工程"的建设，截至目前，已有北京、上海、广州等 100多个地级以上城市参加此项目，但"城市记忆工程"多以"静态记忆"——城市建筑为主，缺少对"流动记忆库"——社会记忆的构建，因此，以社会记忆为主的研究变得尤为重要。

文化是一座城市的精神内涵。中华人民共和国成立以来，呼和浩特市体育文化发展留下了许多宝贵的记忆。可以说城市是现代体育发展的重要"记忆场"，同时，体育文化也为城市文化的积淀提供了养分。对城市体育文化的发掘以及城市体育历史的回顾，可以有效弥补城市化进程中文化建设的不平衡现象，找回过往遗失的记忆。

本研究选取呼和浩特市体育文化作为口述史的讲述主题，以亲历呼和浩特体育文化变迁的未名人士作为口述访谈对象，对中华人民共和国成立以来的呼和浩特市体育文化发展史进行收集、整理与分析。通过社会记忆视角来弥补呼和浩特市城市体育历史纪录的缺失，收获更多对城市体育文化发展的不同视角和思想情感，捕捉呼和浩特城市体育文化发展的时代特征与社会特征，为呼和浩特市城市体育史研究提供更多珍贵的历史文献。

第二节 研究目的与意义

一、研究目的

体育学界的口述史研究大多以体育知名人士，如知名运动员、教练员、体育机构官员、民族传统体育的传承人为讲述者，在内容上，多以体育重大事件、运动员及教练员的成长经历、民族传统体育传承历程等为讲述重点，聚焦领域也多为对竞技体育和典型体育社会现象、社会问题的分析，是从"自上而下"的角度对中国当代体育史的关注。从群众体育的层面来看，对以体育未名人士的视角进行口述所形成资料的研究较少，对中国当代体育史缺少"自下而上"的关注角度。本研究旨在通过研究呼和浩特城市体育亲历者的口述访谈，结合整理和收集的相关文献资料，对自 1949 年以来呼和浩特市体育文化的发展历程进行回顾、整理和总结，梳理其因国家和社会背景的变迁而在不同发展阶段呈现出的不同特点。

本研究以樊炳有教授提出的城市体育文化理论为依据，以社会记忆理论为范式，从"人""事""物"三方面来探寻呼和浩特市体育发展的内涵，力求从多角度发掘呼和浩特市体育文化记忆，通过口述史研究方法再现城市体育文化风貌，构建体育社会记忆。

二、研究意义

（一）学术价值

英国马克思主义史学家希尔顿认为："如果从下往上看而不是从上往下看历史，我们就有可能获得整个社会和国家的较为确切的图景"。所谓"自下而上"的治史方法，就是从处于社会底层的人民群众的立场出发，通过人民群众的视角展现社会生活的方方面面，彰显人民群众在历史发展中的主体地位。这种"自下而上"的治史方法，是唯物史观在史学研究中的具体运用，体现了唯物史观的科学真理性和强大生命力。1952 年，毛泽东为中华全国体育总会题词"发展体育运动，增强人民体质"，人民群众既是我国体育事业发展的根本动力，也是体育事业发展所追求的最终目标。本研究遵循"自下而上"的马克思主义唯物史观，从普通民众的视角出发去观察他们参与体育的生活状态，展现人民群众真实的体育生活图景，构建以普通民众为主体的历史叙事。在这种视角的叙述中，体育发展的根本动力是"自下而上"产生的。体育事业的发展不仅要依靠运动精英和社会精英，还要依靠人民群众。人民群众是促进我国当代体育事业进步的真正动力，推动着体育发展的历史进程。

与社会中的精英人物或典型人物相比，普通民众身上所凝结的群体文化特征并不具有足够的代表性。意大利微观史学家卡洛·金兹伯格（Carlo Ginzburg）曾指出，"在一个普通人身上，即便他本身并不重要，因而又不具备代表性，但仍可作为一个缩影从中发现在某个特定历史时期里整个一个社会阶层的一些特征。对于人们常常忽视的最微不足道的细节的研究，往往可以得到从宏观的角度所得不到的有价值的东西。"。本研究关注的对象是存在于体育大历史、大事件之外的普通人，从宏大叙事转向微观视角，重视与普通民众息息相关的体育生活和体育价值观，探索在社会历史的洪流中普通人的体育参与状态和与之相关的生活变迁。

本研究将社会记忆理论引入到城市体育文化研究领域，通过呼和浩特城市体育的亲历者及参与者的口述回忆，探寻这些"由松散片段组成的记忆"所拥有的共同特征，对体育文化记忆进行回溯，整合碎片记忆，塑造社会记忆，对呼和浩特市当代体育文化史的研究带来了重要意义。本研究进一步丰富了体育学研究理论，依托社会学背景，为在体育学科内运用社会记忆理论和解决实际问题提供了理论奠基和创新角度。

（二）现实意义

2011 年 3 月，"中国记忆"项目被正式列为国家重点工作。近年来，随着城市体育文化记忆项目在全国各省区市的广泛开展，保护城市体育文化记忆的途径在不断增多。目前，与呼和浩特城市体育相关的档案资料以报纸、新闻、年鉴和呼和浩特市体育局与部分专项体育协会的档案记录为主，记录在册的多为重要体育事件，还有一部分则记录在城建档案馆中现存的关于部分体育场馆变迁的档案资料中。现存史料深陷资料保存零散、缺乏专门的研究和记录等困境。

随着社会的发展、城市人口结构的升级以及国家和区域体育政策的不断修订，作为城市体育文化物质和精神附着物的个体社会记忆也在不断改变。呼和浩特城市体育的历史记忆往往仅存在于亲历者的头脑中，随着时间流逝，那些保留在社会个体中的体育记忆存在消失的风险，急需以文字的形式收集、固化并保留下来。本研究整理了呼和浩特市体育文化发展过程中的第一手资料，在社会记忆理论指导下，用口述史研究方法对城市体育文化进行解读、分析和整理，从"人""事""物"的角度对呼和浩特市体育文化记忆进行了口述文本记录。

本研究以口述史作为主要研究方法，丰富了口述史在体育学科的应用，以呼和浩特市体育文化作为研究对象，选取亲历者和见证者为访谈对象，构建呼和浩特市体育文化记忆框架，审视呼和浩特市体育文化建设历程，探寻其在不同阶段的体育内涵变迁及影响，助力呼和浩特市体育文化健康建设，推动呼和浩特市城市体育记忆项目的建设，同时为国内其他城市体育文化记忆的构建提供了借鉴。

第三节　相关研究综述

一、社会记忆研究综述

20世纪末，中国大陆学者开始对社会记忆相关理论进行研究和建构，"社会记忆"这一概念逐渐成为中国学术界研究的"热词"，但学者们在研究时使用的概念术语繁多，缺乏相对统一性。在国内目前的研究中，对社会记忆理论的范围界定和应用模式也是莫衷一是。通过中国知网搜索关键词"社会记忆"，可以查询到共3246篇相关文献，经检索发现，从2015年至今是社会记忆研究的黄金飞跃期，在这期间，学界研究主要聚焦于社会记忆构建的实现路径上，与此相关的研究更多是以具体的记忆为主，这其中包括城市记忆、集体记忆以及文化记忆。

由于目前国内外学界关于"社会记忆"的概念还未达成普遍共识，许多学者从社会记忆与档案的相互关系角度入手，探讨两者的异同和相互联系。薛真真将档案作为社会记忆研究的重要载体，认为可以通过多种方式将社会记忆保存下来编写成档案，再通过对档案的研究和利用将社会记忆广泛传播并实现其正向传承。张锦认为，记忆是存在于人类群体中的一种共识，档案是由人类主动而形成的资料，不可以完全等同于记忆。卫奕认为，档案只是在社会记忆的模式下形成的历史文件记录。凌怡娴在研究济南城市记忆时认为，记忆与档案既有交叉又有区别，档案是各种信息中与记忆最为接近的一种存在，所记载的内容构成了社会记忆内涵的诸多要素。通过以上学者的观点，我们可以看到，研究学者的研究角度不同，对社会记忆构建的认识也不同。

文化遗产在近几年逐渐成为社会记忆构建中的热点话题。谭必勇对近代苏州丝绸现存档案展开社会记忆研究，通过分析公共记忆、整体记忆和活态记忆三个方面，使有关丝绸之路的记忆档案变得更加丰富生动。李晓冉以沧州市武术数字记忆构建为对象，通过客户访谈、资源整合、平台构建等方式实现了对沧州武术文化遗产构建的应用。

国内学者在社会记忆构建方法方面也展开了一些探讨，从具体效用方面，刘云霞认为，合理的社会记忆构建将有助于更快推进区域性的城乡记忆工程建设。从社会影响方面，罗学玲认为，加大宣传工作，提升宣传效果可以使构建社会记忆档案的工作不断处于人们视野范围之内，进而起到显著的社会效果。

同时，如何构建城市记忆也是社会记忆研究的一大热点，在目前，国内大多采用开展城市记忆工程的方法将社会记忆构建应用于城市记忆之中。尽管已有100多个城市正式加入此项目，但在构建城市社会记忆过程中只有很少数城市关注到了如何高效挖掘以及利用发展地方特色文化资源等相关问题，其他大多数城市并没有展开对特色资源的挖掘，而是仅仅停留在探讨没有足够的资源可以应用等较为浅显的层面上。

综上所述，国内体育学者目前对于社会记忆的研究大多是在记忆理论基础上结合具体化事物进行分析。研究对象多为现存档案、文化遗产、数字影像、现代科技、重大历史事件等，把社会记忆与城市体育文化结合进行的研究较少，只是对如何构建社会记忆和其研究意义进行了理论方面的阐述，关于在社会记忆理论指导下如何研究城市体育文化的相关问题还有待进行更加全面、深入地探讨。

中华人民共和国成立以后，各地区城市体育文化的发展不再被传统封建文化左右，西方先进的城市体育文化被引入，强烈地冲击了国民的体育思维方式，改变了国民的体育参与行为，我国城市体育文化开始发生翻天覆地的变化。在中国知网检索关键词"城市体育文化"，可以查询到572篇相关文献，通过检索阅读后得出了以下分析：

因为城市文化可以分为广义和狭义两个方面，所以国内学者在对城市体育和城市体育文化进行论述和定义时的指向不同，侧重点也会产生差别。国内一些学者倾向于从文化结构层次来界定体育文化。就文化的结构来说，目前学界存在不同的理解，如：物质文化与精神文化两分说，或是物质文化、制度文化、精神文化三层说，抑或是物质、制度、行为、心态四层说以及物质、社会关系、精神、艺术、语言符号、风俗、习惯六大子系统说，等等。在我国，较早对城市体育文化这一命题进行研究的是熊志冲，他认为，当城市文化固定发展到某一水平后，城市体育这一独特文化元素自然就应运而生了，因此可以从城市经济、政治、心理行为、运动习惯等方面综合塑造城市体育文化内涵。辜德宏、蔡端伟、杨雪认为，城市体育元素是城市元素的一个子类，其属性包括文化属性（行为文化、制度文化、精神文化、物质文化）、体育属性（竞技体育、群众体育、学校体育、体育产业）、地域属性（自然环境、人文环境），其表现形式为体育器物类、体育政策类、体育活动类、体育精神类。樊炳有提出了合理构建城市体育文化记忆的相关理论，从城市体育文化内涵和独特价值角度进行研究，以"过去—现在—未来"为时间框架，以"人—事—物"为记忆要素来构建城市体育文化记忆。王媛媛，樊炳有阐释了城市体育文化记忆的内涵及意义，他们认为，首先，记忆的主体应是人，体现出人在城市文化中的复杂社会交往关系和精神观念的转变；其次，城市体育文化所附着的要素应包括人、事、物三方面，且一般不随时间而变；再次，城市体育文化记忆具有双重性，既是记忆的载体又是承载记忆的本体，其价值附着点在于城市居民的身份认同。

城市体育文化是体育文化的重要一环，影响着一个城市文化的前进方向，其作用不可小觑。张奇、张颖等认为体育文化有助于全面提升人口素质，提升社会凝聚力，加强精神文明建设，有助于城市开放及经济发展，等等。沈小芳从城市体育文化的现实意义作用、创新途径、发展内涵、相关产业等方面进行了理论上的研究，认为体育作为一种特殊的文化形态，是文化系统中一个至关重要的组成部分，城市体育文化是体现城市形象的重要一环，也是大众体育文化的独特体现。钟振新在《城市体育文化创新研究》中认为，城市体育功能可大致分为提升城市居民社会凝聚力、促进城市居住人口综合素质的提升、深化城市体育内涵等要素，并提出可以从活动内容、组织管理体制、精神文化内涵、物质文化依存四个方面来进行创新。而李先国、李建国则认为还应添加个体观念的创新性和个体主观的能动性两个方面。

研究发现，目前学界大多围绕城市社区体育文化、城市广场体育文化、城市体育产业文化等方面展开课题研究。沈小芳认为，城市社区体育文化由物质文化、制度文化和精神文化所构成，是城市体育得以延续并稳定发展的原因所在。向武云在《论城市广场体育文化》中认为城市广场体育文化是城市居民在城市广场内参与各种体育文化活动的过程中所表现出来的一种物质和精神文化的总和，其影响因素有：个人偏好因素、广场群体宏观因及社会环境宏观因素。城市体育产业文化是城市体育文化的重要组成部分。程一辉，庄昔聪等对如何传播体育文化进行了研究，提出采用传播学专业理论促进体育文化产业正向发展的方法。同时，不少学者也着手对体育文化相关创意产业进行深入研究，如张孔军、于祥《首都体育文化创意产业定位研究》和尹博、冯霞《北京体育文化创意产业研究》中都涉及相关内容。

综上所述，城市文化有广义和狭义之分，导致目前国内学者在对城市体育和城市体育文化进行论述和定义时的指向不同，侧重点也不同。一部分学者从其定义和功能入手，分析其内部组成要素和存在的主要记忆点，构建了城市体育文化的理论框架；另一部分学者从其具体效用出发，阐释了城市体育文化与城市文化的重要关系，以及构建城市体育文化的积极作用。在城市体育文化理论框架下，学者们在城市社区、城市广场和城市体育产业等方向进行了更加深入的研究。总体来看，城市体育文化这一概念在学界有着较为清晰的阐释，其理论框架也较为完整，学者们从不同方面对城市体育文化提出了各自的研究看法。

二、口述史研究综述

口述历史的定义是国内外口述史学界不断争论的话题，即使口述史的内涵和范畴在不断完善和更新，但学界并未对此形成统一的共识，这些概念目前只能作为参考标准。

（一）国外研究综述

从人类产生伊始，历史就是以口述的方式记载的，但随着主流历史文献研究法在学界的广泛盛行，古老的口述史方法开始被逐渐取代并逐渐淡出了大众的研究视角。口述史学长久以来被学界所忽视，其真正价值和效用并未得到真正开发和妥善运用。幸运的是，20世纪中期，口述史开始逐渐复兴，针对口述史的研究被学界重新拾起。这一切源于美国哥伦比亚大学的历史学家亚伦·芮文斯开展的一项不同寻常的"口述史"项目，该项目引起了社会各界的强烈反响。很快，美国其他大学也都开始纷纷效仿，开展了众多与口述史相关的项目，专门研究口述史的机构应运而生。在同一时期，英国、法国、德国及非洲等地也开始研究口述史。

现代口述史起源于20世纪40年代，由美国历史学家亚伦·芮文斯带头。1948年，亚伦芮文斯在哥伦比亚大学建立了第一个现代口述历史研究档案馆，它的出现意味着现代口述史学正式登上历史舞台。同年，由英国学者保罗·汤普森撰写的《过去的声音》一书出版，该书一经问世便引起轰动，意味着现代口述史理论开始走向成熟。它总结了英国早期口述史研究的成果，集中反映了口述史学的立场、特点以及对象，成为口述史学科的开山之作。1973年，英国口述历史学会正式成立，其核心刊物《口述历史》旨在记录多个社会阶层、多个社区、不同地域之间个人和社会的情感记忆。在其记录的资料尤其是口述记录中，普通社会大众记忆方面的研究成果众多，其中大多是关于普通大众的真实写照。

口述史是一门交叉学科，其内涵丰富，资料搜集需要深入大众群体，因此必然涉及许多旁通的学科领域。马克思在其著作《资本论》中就曾运用许多生动的口述史料作佐证，其对成就这一经典之作起到不可忽视的作用。

（二）国内研究综述

20 世纪 80 年代后，口述史开始传入中国。在中国知网检索关键词"口述史"，能够搜索到 2080 篇相关文献。时至今日，国内学者分别对其在定义、学科特征以及工作规范、实用价值等方面进行了讨论研究。学界认为，口述史研究法是以搜集整理和运用口头史料来研究历史的方法。是由有前期准备的访谈者，以笔记、录音等现代科技方法收集、整理口头访谈内容的一种研究历史的方式。

在对口述史的学科特征方面的研究中，有学者认为："口述历史是'活'性的，是灵活的，而其他史料记录则是与思维对应的；口述历史可以慢慢交流、慢慢记、慢慢沟通，在过程中进行更正和补充，而其他历史则不可以这样更改"。李星星认为口述史学存在社会性与叙述性的特征。从口述者的叙述中得到的口述信息，往往因个人加工而变得生动形象，特别是在使用录音、录像等现代方式进行口述史研究时。现代口述史研究更多地从自下而上的角度进行开展，把普通大众群体纳入史学研究范畴。

有学者也提到了关于口述史方法论的问题，如杨雁斌认为，"综合分析方法、模拟法和比较法目前正被口述史学家任意使用"。口述史学研究在挽救珍贵史料、扩展历史研究视角、补充文献资料等方面有着重要意义。有学者在口述史学的价值层面提出，"口述历史让过去发生的历史变得鲜活，也让枯燥无情的历史富含了原生态的质感""可以使那些原本处于历史边缘的普通人展示他们存在的真实痕迹和特有声音，可以给那些原本独立于传统史学记录之外的重要事件和瞬间以画面"。

三、体育学界口述史研究综述

从哈布瓦赫提出集体记忆这一概念开始，"记忆"一直是西方人文社会学和文化学研究的热点。相比西方社会，在我国将记忆理论应用于城市历史和现实的研究并不多见，应用于体育领域的研究成果则更少。

国内关于"体育口述史"的研究起步于 2009 年，自 2017 年后开始快速增长。目前体育学界对于口述史的运用主要集中在武术家、武术史、文化遗产、竞技体育、民族传统体育等方面，在中国知网对"体育口述史"进行检索时，并未发现城市体育文化口述史的相关文献。

曹龙飞在《武术家口述史研究评述》中认为，通过对武术家进行访谈并整理其记忆资料，还原或印证某些武术事件的实际情况，在一定程度上可以弥补武术重大历史事件与普通生活之间联系甚少的空白，同时也使得这些口述资料与文献相佐证，进而推动对武术文化的深度挖掘，提高武术文化活态性。龚彦豪、胡峻榕对体育"非遗"传承人展开了口述史价值的分析，揭示了体育文化遗产的本质、发展规律以及其传承价值。

口述史在竞技体育领域的运用大多集中在国家竞技体育优势项目和优秀运动员上。张波等人对中华人民共和国成立 70 年以来中国女排发展历程进行口述史研究时，分别从制度优势、国际趋势、优良传统、战术创新、科学训练以及复合型教练团队等方面剖析了女排成功的经验，通过剖析获得反思和启示。周维方对程志理与苏炳添、徐梦桃对话时所产生的口述史文本进行分析，从"运动行为志"与"运动行为意向分析"方面对短跑成绩影响因素、起跑反应时训练、比赛中技术稳定表达进行了实践案例研究。

面对口述史与体育史结合趋势明显的现象，王俊在《用历史发展思维指导体育史学研究》中提出用历史发展思维来指导体育史学研究，并提出对已有史料解读浅显、口述史中混杂个人情感等问题的解决办法。

体育学界对文化遗产方面的口述史研究主要体现在体育博物馆上。汤琪指出对体育博物馆进行口述史研究的程序为"收集、整理、分析、运用"。平少康，王震从非物质文化遗产的保护路径着手开展口述史研究，认为必须加快对文化遗产价值的深度挖掘、推进政府行政干预、加快改革创新，继续深化市场开发、不断加强宣传教育工作、确保对相关文化的推广普及、强化法律保障。

目前体育学界在民族传统体育领域也开始应用口述史进行研究。刘洋波、冯鑫通过口述史方法研究了少数民族传统体育运动的发展现状以及未来发展模式。尹玉彰认为，武术口述史研究作为新兴的武术史研究方法，在今后将会成为我国进行武术历史研究的重要方法之一。目前我国武术口述史研究处于起步阶段，对"实践型"与"理论型"模式的研究成果仍然有所缺乏。

综上所述，口述史研究方法在我国发展较早，已经形成较为完整的理论体系并被学者广泛使用，但其与体育学界的融合发展是最近五年才开始的。目前，国内体育口述史的研究内容以体育领域重要历史事件、知名运动员（教练员）个人经历以及体育非物质文化遗产的传承为主，口述者多为体育界知名人士、非物质文化遗产传承人或武术家，在开展研究时多以精英视角关注体育大事件的历史走向，呈现出明显的与竞技体育发展相融合的特点。在当前研究中，口述者少有未名人士，在研究过程中缺乏普通人视角，对群众体育的关注不多，且研究对象大多与武术相关，对体育文化、体育经济、社会体育等方面的口述史研究尚在起步阶段，亟需更多专家学者加入，共同挖掘体育口述史的独特价值和魅力。

第四节　研究对象与研究方法

一、研究对象

本研究以呼和浩特城市体育的亲历者和见证者为研究对象，以他们的口述资料作为研究文本，通过口述者对自身体育经历中出现的"人""事""物"进行回顾，复刻和再现呼和浩特城市体育的变迁和历史风貌。本研究以亲历者口述文本为载体、记录呼和浩特城市体育变迁历程中的个体记忆与社会记忆。

二、研究方法

（一）文献资料法

文献资料在本研究中主要有以下作用：

（1）为考察呼和浩特城市体育发展变迁提供直接证据。这部分文献主要有呼和浩特市城建档案馆的体育场馆档案、呼和浩特市统计局历年统计年鉴、呼和浩特体育新闻报道，等等。由于在口述史研究中，受口述者立场、经验、理解、时间、记忆偏差等主客观因素的影响，口述资料或多或少会存在失真甚至错误的情况，因此，需要其他资料来辅助进行验证和参考。

（2）间接考察口述史在记录城市体育文化变迁、承载个体记忆、转化社会记忆方面的意义与价值。这部分文献以学术文献为主，通过查阅相关主题学术专著、知网学术论文，为本研究提供理论依据和方法借鉴。

（二）口述史研究法

口述史研究方法是指运用一些手段（包括现代科学技术手段）收集、保存和传播即将逝去的声音，整理成文字稿并对其进行研究的方法。本研究通过查阅文献、知情人推荐以及专家意见，以六名见证呼和浩特市城市体育发展的亲历者作为口述对象，以呼和浩特市体育文化变迁为主题，采用开放式提问和无结构式访谈方式，从"人""事""物"三方面进行访谈并记录与呼和浩特市体育文化发展相关的个人记忆，阐释呼和浩特市体育文化发展口述史料、构建呼和浩特市体育文化的社会记忆。

1.着手准备

（1）接洽访问

通过联系社会各界朋友等方式积极寻找历经呼和浩特市体育文化发展变革的前辈，与他们建立联系并告知访谈原因，确定恰当的访谈过程和形式。

（2）收集受访者资料

通过社会力量等多方面收集潜在受访者的个人资料（不涉及个人隐私等），综合考虑学历、社会工作职位、参与体育活动的年限、体育爱好、体育运动习惯、个人时间条件和身体条件等因素，最终确定本研究的六名受访对象。（详见表1-1口述访谈汇总表）。

（3）访谈提纲

以呼和浩特市体育文化为口述主题，针对所有受访者可能具备的体育记忆、本研究的学科方向和想要深入挖掘了解的历史体育文化现象，确定具有共性的访谈问题（详见附录1访谈提纲）。

（4）确定访谈时间

通过电话联系等方式，与受访者确定合适访谈时间，提前2天发给受访者访谈提纲，使他们了解口述文化脉络。提前征求受访者录音、录像以及口述文本资料可被用作学术研究并发表的法律权限。

2.正式访谈

确定好访谈时间，访谈通过受访者自述和引导问答两种方式组合进行。受访者进行口述时，访谈者认真倾听、积极回应、引导提问、及时反思补充并做好文字、录音、录像记录。

3.整理阶段

（1）整理通过访谈收集到的音频、录像并进行编码排列，将录音按照原始状态进行整理，提炼出具备学术研究价值的口述文本，对原始录音中不清晰、不清楚、有疑问的部分，通过电话或微信联系口述者进行确定，对最终整理出的口述文本进行编码整理。

（2）在此论文初稿完成后，请受访者进行第一次修订。访问者收到反馈意见并对此论文做出修改后，请受访者进行第二次修订。直至完成论文定稿之作。

笔者在 2021 年 11 月 20 日至 2022 年 1 月 2 日期间，先后对 6 名受访者进行访谈。访谈共进行 76 次，历时约 850 分钟，最终整理出的口述回忆录共约 18 万字。

整理所收集到的口述文本资料时，为方便查找，笔者参考硕博论文中的口述史编码方式，确定了此研究的编码方式，共由 5 部分组成。

口述史料按照采访顺序依次编号为"1-7"；

将受访者按照采访时间顺序编号为"A-F"；

阿拉伯数字年月日；

受访者姓名首字母大写；

姓名后的数字表明同一访谈者第几次接受访谈。

这五个部分之间用短线"－"连接，（详见表 1-1 口述史访谈汇总表）

口述史访谈文本在此研究中应用时，一律用简短代码表示，只保留编码中的（II）（IV）（V）部分，例：（详见表 1-3 口述史料应用代码表）

4.定稿阶段

（1）受访者同意定稿。

（2）将所有录音、录像、照片、口述史料编码并建档保留，根据受访者意愿进行引用与公开。

5.研究阶段

（1）本论文研究的主题是呼和浩特市体育文化记忆，共选取了六名受访者，对受访者的口述进行整理，得到口述史料。

（2）与其他研究方法相结合，对所取得的口述史料进行进一步分析研究。

表 1-1　口述资料汇总表

受访者	性别	年龄	民族	学历	录音/分	录像/分	照片/张	访谈地点	编码
候××	男	74	汉族	大学	283	120	44	茶室	1-A-20211120-HBS-1
赵×	男	41	汉族	大学	172	162	11	茶室	2-B-20211212-ZX-1
刘××	女	77	汉族	高中	57	28	8	满都海公园	3-C-20211223-LJY-1 6-C-20220102-LJY-2
苏×	男	50	汉族	大学	68	68	5	呼和浩特市十八中	4-D-20211227-SJ-1
朝××	男	89	蒙古族	专科	65	65	3	朝老师家中	5-E-20211230-CLBTE-1
韩××	女	43	蒙古族	研究生	152	32	3	茶室	7-F-20211223-HTY-1

表 1-2　受访者个人信息简介

姓　名	性别	简　介
候××	男	1949 年生，呼和浩特市体委退休干部，职业足球守门员。1973 年毕业于内蒙古师范学院体育系。国家篮球、足球一级裁判员。
赵×	男	1982 年生，足球爱好者，初中就读于呼和浩特市第八中学，高中就读于秋实中学。大学毕业后就职于北京腾讯体育。2007 年后返回呼和浩特市从事体育自媒体行业至今。
刘××	女	1945 年生，1962 就读于内蒙古师范大学附属中学，毕业后参加上下乡做工人，直到退休，内蒙古体委前主任刘绍堂之女。

续表

姓　名	性别	简　介
苏×	男	1972 年生,呼和浩特市中学生运动会和内蒙古自治区中学生运动会 110 米栏冠军。1995 年毕业于内蒙古师范大学体育学院。现任呼和浩特市第十八中学体育组组长。
朝××	男	1933 年生,1949 年获得内蒙古滑冰比赛冠军,体操比赛冠军。1957 年毕业于内蒙古师范大学体育科。1960 年就职于内蒙古师范大学从事体育教学工作直至退休,1983 年评为副教授。
韩××	女	1979 年生。2002 年毕业于内蒙古师范大学汉文系,2011 年毕业于北京体育大学,获教育学博士学位,现就职于内蒙古师范大学体育学院,任专任教师。

表 1-3　口述史料应用代码表

编码	受访者	代码
1-A-20211120-HBS-1	候××	A-HBS-1
2-B-20211212-ZX-1	赵×	B-ZX-1
3-C-20211223-LJY-1	刘××	C-LJY-1
6-C-20220102-LJY-2		C-LJY-2
4-D-20211227-SJ-1	苏×	D-SJ-1
5-E-20211230-CLBTE-1	朝××	E-CLBTE-1
7-F-20211223-HTY-1	韩××	F-HTY-1

（三）实地观察法

本研究主要采用了观察、访问等方法,深入呼和浩特市民的社会生活,对普通大众参与体育的方式、状态、时间、地点、过程、背景等进行描述。本研究实地考察了呼和浩特市人民体育馆、呼和浩特市体育场、内蒙古体育馆、内蒙古赛马场、青城公园、满都海公园、内蒙古师范大学、内蒙古农业大学、呼和浩特市第十八中学、内蒙古师范大学附属中学等地。通过实地调查访问、资料分析归纳,获取了呼和浩特市学校体育、群众体育和竞技体育文化发展情况,根据获取的资料整理出研究的整体框架,对本研究的进一步调研与资料收集工作提供指导。

第五节　研究思路与创新点

一、研究思路

本研究以社会记忆作为理论依据，通过查找相关文献资料，掌握当前学界在城市体育方面的研究现状与前沿动态，以参与呼和浩特市城市体育历程的未名者为口述史访谈对象，围绕城市体育文化记忆主题展开口述历史回顾，运用文献资料法、口述史研究法、文本分析法，从"人""事""物"三方面对呼和浩特市体育文化的变迁进行梳理、分析与总结。记录城市体育的发展历程，发掘呼和浩特市体育文化的社会记忆，构建呼和浩特市体育文化的社会框架。

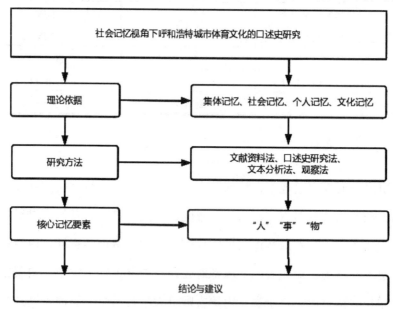

图 1-1　基本研究框架

二、创新点

（一）理论视角的创新

目前体育学界以社会记忆为范式进行研究的案例还相对较少，多集中于对地方特色档案的构建。本研究将社会记忆引入城市体育文化之中，力图构建呼和浩特市体育文化记忆。

（二）研究对象的创新

目前学界对城市体育相关研究多集中于城市文化构建、居民体育行为、体育公共服务、体育公园等方面，本研究则立足于社会学，对呼和浩特市体育发展史进行研究并从"人""事""物"三个方面进行回顾分析。

（三）研究方法的创新

采用口述史研究方法，从"自下而上"的角度进行研究，聚焦于中华人民共和国成立以来呼和浩特市体育文化变迁过程的亲历者，以挖掘更多元的历史真实记忆，同时，丰富呼和浩特市体育内涵，构建呼和浩特市体育社会记忆，积极响应国家推进城市体育记忆项目建设的号召，为国内其他城市发掘和保存体育记忆提供借鉴。

第二章　概念界定与相关理论介绍

第一节　相关概念的界定

通过对文献的查阅，并结合相关理论作为依据，对本研究涉及的相关概念作出以下界定。

一、社会记忆

社会指的是具有相同文化背景的人们基于特定历史时空中的物质生产活动而相互作用而成的统一体。文中的社会指的是人类根据生产和生活实践活动而形成的某些社会法则衍生而成的社会复杂关系的共同体。社会是由个体组成的，个体的记忆在内容和形式上具有社会性。

记忆，是指人们在日常生活中对所接触到的人、事、物以及其他多种信息的记录、记住、存储、再现和回忆的过程，包括有意记忆和隐性记忆两种。由于每个人的经历不同，对同一事物的记忆会出现差别。人具有社会性，多种多样的个人记忆汇聚在一起形成了家庭、集体、族群或是国家记忆，这些记忆通过彼此相互联系和依存得以被时间铭记。

社会记忆是人们在社会生活和生产实践中，经过编码、整理、储存和再提取后所创造的一切财富。社会记忆的本质是人对过去事情的主观认识和本质认知能力的浓缩、积累和破译。其内在机制是以人作为实践主体来确认、保存并延续历史。社会记忆虽源于个体记忆，但又超越个体记忆。其范围很广，从宏观角度，可以分为乡村记忆、大众记忆、城市记忆和国家记忆等；从微观角度上看，社会记忆以社会为基础，社会又是由人组成的，人们在日常生产、生活、学习的实践中产生的各种资料、重大事件、生活环境、建筑、景观、物品等都承载着历史变迁，都可以归纳为社会记忆，这些记忆以书籍、影视、文献、口述历史等形式存在。社会记忆是多元化的。在西方学术研究中，集体记忆、社会记忆、文化记忆、个体记忆等术语都是集体记忆的衍生概念。目前，鉴于众多学者研究的不同角度和偏好，并没有明确这几种相关记忆的确定概念。

二、城市体育文化

德国学者斯宾格勒曾经说过："人类社会目前已有文化都在城市中发展而来并且依附其中"。体育一旦开始在城市里扎根，就与城市的发展息息相关。在不同的城市发展阶段，历史机遇的不同导致体育处于兴旺发展抑或是萎缩衰落的发展状态。

文化，即相对于政治、经济而言的人类社会所创造的全部精神活动及其对应产物的总和，是一切社会活动现象及其内在精神的总和。教育、科学、艺术等皆属于广义的文化。政治、经济同文化相辅相成，相互影响。

体育文化，大而言之，是指体育运动本身所蕴含的，围绕体育运动而形成的一切物质文化和精神文明的总和。小而言之，指体育运动某一方面的文明因素。体育文化的主体是人类，是人类所特有的社会现象和文明成果，泛指人类在体育历史发展过程中所创造的物质和精神财富的总和。

城市体育是社会体育的重要一环。城市体育，即在城市范围内以市民为参与主体，以休闲、健身、锻炼为指导，旨在提高市民生活水平和身体素质的一种社会体育运动。在我国，城市体育正向成熟化、多元化、社会化、协调化、内容多样化等方向发展。

城市体育文化是城市文化和体育文化相融合的产物，是文化持续发展的内生化产物，是人们在城市发展的过程中创新和吸收与体育相关的精神、机制、物质等层面的概念及文化价值后形成的文化。精神文化包括道德思想、大众体育审美等；机制文化包括法律制度、国家和地方政策等；物质文化包括体育场馆、公园及其他建筑物等。

城市体育文化记忆就是在城市发展过程中被逐渐淡忘、模糊、濒临消失的具有重要意义和保护价值的体育文化资源，人们可以通过信息采集、加工、保存等方式对城市体育文化记忆进行编排、激活、再现，使其得以传承和延续。城市体育文化的记忆来源或记忆对象主要是参与城市体育文化建设的有形实体和无形文化，其具体资源就是体现城市体育文化的"人、事、物"。

从城市角度而言，城市首先是对人类社会文化的物化。城市的主体是人，城市体育文化是由不同的人创造的，是为城市内居民所共享的文化成果。城市体育文化的实践者、参与者都是人，"人"是体育文化记忆要素中的首要核心点。

城市内每天发生着林林总总的事件，那些意义重大、社会影响范围广、居民记忆深刻的事件是城市文化发展的"经纬线"和"刻度尺"，是城市体育文化记忆的主要方面。

"事"作为社会记忆框架的主体结构和记忆构建的纽带，能够串联起零散的记忆要素，使个体记忆和社会记忆更加鲜明和完整。"物"的记忆则更为直观和形象化，它是城市体育文化中场景化的记忆，主要由城市中有形的体育资源和场所空间构成。宏观上来说，"物"即城市内一切可见的具有体育文化特征和独特意义的实体；微观上来说，是服务于城市体育文化生活的基础设施。"物"是城市体育文化的支柱，既包括承载重大体育历史事件的建筑物，又包括能充分满足广大城市居民体育需求的健身场所；既包括承载城市体育文化历史的博物馆、纪念馆，又包括可供居民闲暇休闲娱乐的商业体育设施场所。城市体育文化记忆中"物"的要素并不等同于宏观全部物的概念，它必须是由人创造、与城市体育文化历史进程息息相关且能够体现城市独特体育文化功能的物质载体。

三、口述史

口述史也称作口碑史学，在国际上被视作是一门专门学科，是一种通过收集和整理口述史料来研究历史的方法。可以说，口述史是由准备充分的访谈者发起，通过笔记、录音、录像等方式取得口述资料、整理口述记忆的文本，并对该文本进行分析研究的一种研究历史的方法。口述史料，是对所研究事件的参与者、亲历者、见证者的记忆口述，它区别于档案、报刊、图书等文字史料，是保存史料的另一种形式。

社会记忆视角下呼和浩特市体育文化的口述史研究，即将受访者提供的多方面口述史料作为研究资料，并结合已有城市体育文化史的相关文献来研究呼和浩特市体育文化记忆。

第二节　相关理论的介绍

一、集体记忆理论

20 世纪 20 年代，法国学者莫里斯·哈布瓦赫最早提出了"集体记忆"的概念。他首次尝试将以往频繁出现在心理学学科中的名词"记忆"从个体行为中解放出来，把其延伸到社会人文等学科领域内，并提出"集体记忆"这一概念，即社会集体所共有的记忆。他认为，并不存在真正意义上纯粹的个人记忆，任何个体的记忆都被制约在一定的"社会框架"中，都不能脱离"社会框架"而独立存在。正是因为社会框架的存在，个体记忆才显得独特，众多的个体记忆才得以凝聚成社会的"集体记忆"。哈布瓦赫所讲的"社会框架"，一方面是指存在于人类社会各个发展阶段的不同主导思想或观念，这种思想具有逻辑性，是以特定逻辑串联起来的；另一方面是指在特定的时空中发生的具体事件和具体表征。这两方面是紧密联系的，在特定时空的重要事件和主导思想通过人、意向和表征展现出来，形成了特定的集体记忆。

对于集体记忆，哈布瓦赫阐释的主要观点如下：（1）集体记忆是在立足当下的基础上对过往存在的一种构建，具有"当下性"；（2）不能一成不变的保留集体记忆，而要因时进行重新构建、选择和借用，存在"社会构建性"；（3）集体记忆通过相互交往得以传递保留，并在集体框架的束缚下逐渐趋同；（4）个体记忆相互之间的传达使集体记忆得以保存和传递，社会记忆由个体记忆构成，又为个体记忆所依附；（5）在社会交往中凝聚而形成的集体记忆，也只有在社会交往中，才能被回忆、识别和定位。

二、社会记忆理论

保罗·康纳顿基于"集体记忆"理论提出了社会记忆理论，其著作《社会如何记忆》一书中认为，"记忆"是一种广泛存在的个体行为，即个体记忆。保罗·康纳顿认为，个体记忆构成并依附于社会记忆，其通过相互传递才能汇聚成社会记忆。为了具体说明个人记忆如何产生并在身体中沉淀，他进一步提出了两个概念：体化实践和刻写实践。体化实践指的是通过人本身对整个活动过程的参与来理解和保存身体记忆；而刻写实践指的是通过多种记录方式来保存活动记忆。如果将保罗·康纳顿对社会记忆传播途径的解释引申到体育学领域，则体化实践可以被视作现代体育运动，刻写实践可以被视作体育风俗习惯、体育文物、体育档案，等等。

保罗·康纳顿还在著作中提到三种记忆。分别是：（1）个人记忆。即以个人生命史为记忆对象，原则上并不涉及其他人或事；（2）认知记忆。其涉及记忆的对象不要求必须是过去发生的事，也可以是过去亲自遇到或听到的人或者物，在这一概念中，强调了记忆的利用形式；（3）社会习惯记忆。即大众潜意识默认接受之事，不同于以上两种记忆的不可重复性，社会习惯记忆可以再现。

康纳顿在关注社会记忆传递性和连续性的同时，也指出了权力在社会记忆形成中的决定性效用。社会记忆发展的最终意识形态很大程度上会受社会权力等级的制约。如今现存的某些社会记忆就是建立在之前或当今政治、经济、文化等多重因素相互影响的基础之上的，一旦场合、时代和社会权力形态等要素发生变化，那么被选为社会记忆的部分也会做出相应改变。

三、文化记忆理论

20 世纪 90 年代，德国学者扬·阿斯曼与其妻子在哈布瓦赫"集体记忆"理论下提出"文化记忆"这一突破性理论。阿斯曼把"集体记忆"视作同代人之间的"交互性"记忆，这种记忆通过同代经历者相互共享互补而形成，又随着载体消失被遗忘。他认为哈布瓦赫提出的"集体记忆"实际上可以视作一种"交际性记忆"，即一种可以与同代人相互共享的记忆，随着其载体的不断产生和消亡。文化记忆就是运用现代科技手段将无形的记忆保存下来，使其物化和固化，从而得以保留。对哈布瓦赫理论进行了继承和批判之后，阿斯曼将记忆分为两大类别：其一为交流记忆，是人与人之间进行日常沟通时产生的共享记忆，即对共同记忆的事件进行回忆；其二是文化记忆，即通过现实存在的记忆附着物——纪念仪式、图书档案、文化古迹等象征符号并辅以社会实践，对过去的事情进行回忆，使之现代化，进而实现个体记忆和社会记忆的趋同。对概念进行解读后可以发现，文化记忆理论更多的关注角度在多种现代媒介对社会记忆和个体记忆的影响上。

四、"记忆场"理论

皮埃尔·诺拉是记忆场理论的奠基人，他对集体记忆理论的历史学范畴进行了深入的探讨。从 20 世纪 80 年代开始，记忆理论被西方学界重新发现，学者诺拉在《记忆之场》一书中重新定义了记忆与传统历史之间的相互联系，并首次提出"记忆场"理论，用以指代具有特殊象征性意义的记忆形式符号。诺拉认为，"记忆场"就是业已反映在记忆中的实在场域，可以把其分解为象征性、功能性和实在性三层面。实在性指记忆场的现实存在形态；象征性指记忆场某种独特的象征含义；功能性指记忆场在不同历史背景下显示出的多样功能。

诺拉的理论是对哈布瓦赫"集体记忆"中"重构"理论的补充与探索。每个记忆场的象征意义会随着其功能变化而不断发生更迭，但是其物质形态却是相对固定的。记忆场存在的意义是为了让时间相对停滞，使无形变得有形，将深厚的历史意义固定在相应的场域里。个人的记忆或许是绝对的，但这些个人记忆对历史而言却是相对的，历史就是对过去事物的再次重构，其重构的记忆个体鲜活却又不尽相同，具有流动性。记忆依赖于物质，也依赖于时空、图像和形体。

第三章　呼和浩特城市体育发展概况

第一节　呼和浩特市发展概况

一、历史发展概况

内蒙古自治区成立于 1947 年，是中华人民共和国五个少数民族自治区之一，位于祖国北部边疆，接邻八省，首府为呼和浩特市。呼和浩特市自正式建置以来先后有过很多名字，如青城、云中郡、归绥和绥远等。历史所记录的呼和浩特市文明最早可追溯到华夏文化发祥地之一的大窑文化。据史书记载，战国时期，在阴山山脉以南包括河套平原一带活动的游牧部落是林胡和楼烦，赵武灵王破林胡后，在今呼和浩特市西南托克托县设置了云中郡，呼和浩特市地区的行政建制由此开始。1581 年（明万历九年），阿勒坦汗和他的妻子三娘子在这里正式筑城，因城墙用青砖砌成，远处看去一片青色，得名"青城"，明王朝时赐名为"归化"。1694 年（康熙三十三年），在原三娘子城外增筑了一道外城，命名为"绥远城"。新城（绥远城）城内主要是军营；旧城（归化城）内则聚居着居民。清朝末年，将归化和绥远合并，称归绥。1928 年，绥远建省，以归绥县城区设立归绥市，作为省会。抗日战争时期，日本侵略者将归绥市更名为"厚和特别市"。日寇投降后，又复称归绥市。1949 年 9 月 19 日，绥远省和平解放。1954 年 2 月，根据绥远省人民代表大会的提议，经中央人民政府国务院批准，绥远省撤销建制，划归内蒙古自治区。同年 4 月 25 日，废除了"归绥"这个名称，恢复了呼和浩特市这一名称，并将其定为内蒙古自治区的首府，沿用至今。

呼和浩特为蒙古语音译，其中，"呼和"为青色的意思，"浩特" 为城市、城郭的意思，汉语意思为"青色的城"，是一座已有 400 多年历史的古老而又美丽的塞外名城，作为内蒙古自治区的首府及政治、经济、文化中心，呼和浩特市在中国西部大开发战略实施过程中处于关键地位，其位于内蒙古自治区中部的土默特平原，是沟通西北各省区与内地的陆路通道，被誉为"中国乳都"。全市总面积 1.72 万平方公里，总人口 344 万，现辖四区（新城区、回民区、玉泉区、赛罕区）、四县（托克托县、和林格尔县、清水河县、武川县）、一旗（土默特左旗）和一个国家级经济技术开发区（呼和浩特市经济技术开发区）。目前，呼和浩特市已同 30 多个国家和地区建立了广泛的经济、技术合作和文化交流关系，形成了全面开放发展的新格局，一个崭新的呼和浩特正崛起于祖国北疆。

二、社会发展概况

中华人民共和国成立初期，呼和浩特市总人口约 42 万，其中汉族占大多数，少数民族共 3 万余人，以蒙古族、回族、满族、朝鲜族为主。中华人民共和国成立后，随着中国共产党民族政策的正确贯彻落实，少数民族人口数量逐年增加。第七次全国人口普查（2021 年 5 月 11 日）结果显示，目前呼和浩特市总人口约 344 万人，其中汉族人口约 294 万，占绝大多数；蒙古族人口约 40 万；其他少数民族人口 10 万。

如今的呼和浩特市是一座以蒙古族为主体，汉族占大多数，满族、回族、达斡尔族、鄂温克族等 41 个民族共同居住的城市。在半个多世纪的时间里，在中国共产党的正确领导和新时代共同的目标下，呼和浩特市各族人民高举团结建设的旗帜、认真落实党的民族政策、不断巩固和发展社会主义新型的民族关系，为创建全国第一个模范民族自治区做出了一座首府城市应有的回答。

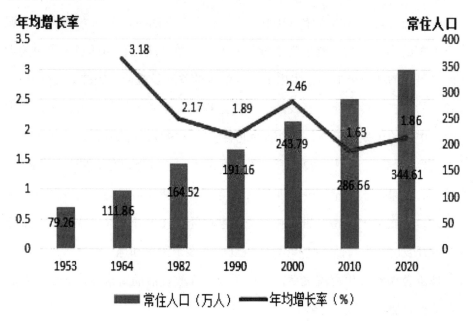

图 3-1　呼和浩特市历次人口普查常住人口及年均增长率

第二节　呼和浩特市体育事业发展概况

一、1949 年以前呼和浩特市体育概况

呼和浩特的现代体育，是在清末时期由学校开展起来的。当时，当地教育局和学校负责人对体育课并不重视，各学校还没有正规的体育教师，体育课的讲授大多由其他课程的教师兼任，体育场地设施也十分简陋。归绥中学在民国 6 年（1917 年）时，全校仅有一副"蝇拍式"篮球架，一副单杠，虽然在学校的西北方后沙滩有个运动场，但运动场上不仅没有足球门，连跑道都没有，学生们踢足球时，只能用碎石头摆成"球门"。"五四运动"后，学校体育渐有起色，体育课有了教学大纲，学校之间的体育竞赛增多。民国 11 年（1922 年），呼和浩特市首次举行了全市小学篮球和足球比赛，篮球由土默特高等小学校和庆凯街小学决冠，最终，庆凯街小学队获得冠军。民国 13 年（1924 年），冯玉祥任北洋政府西北边防督办，李鸣钟任绥远都统。此时，学校体育课程开始被列入教学计划。李鸣钟在对他的部队进行训练时特别注意单杠、木马和劈刀打拳等武术训练，他还把这些项目列入中学生体育课程中。

这一时期，中等学校之间的体育活动日渐增多。民国 15 年（1926 年），呼和浩特市举行了第一届中等学校田径运动会，地址在小校场（即现在的内蒙古医科大学、内蒙古体育局大院一带），这次运动会竞赛项目较多，比赛现场气氛热烈。

呼和浩特市的社会体育是伴随着学校体育开展起来的，当时的社会体育包括篮球、足球、网球、田径等，也有民族传统体育和民间体育项目，主要有摔跤、武术、赛马、马术表演、马球，等等。民国 17 年（1928 年），第一

届全国国术考试在南京举行，吴桐、宋标作为绥远省代表参加"打擂"。在竞赛中，吴桐三战三捷，名扬全国。民国 21 年（1932 年）9 月 22 日，呼和浩特市举行了第一届全省运动会，参加开幕式的有 2000 多人，傅作义主席亲临运动会并发表讲话。

解放战争时期，归绥市（现呼和浩特市）体育活动项目很少，只有篮球运动还活跃一些：如铁路职工组成的铁青队，教职员组成的老壮队、阿米巴队，以邮电职工和小学体育教师为主力组成的电队，以及国民党的空军篮球队。他们利用空暇或节假日互约比赛，但比赛范围很小，参与人数也不多。

在这一时期，绥远地区涌现出一些有名望的体育工作者。如苗时雨、赵允谐、吴懋功（吴耀成）、苗时茂、赵允迪（以上 5 人皆毕业于北京师范大学体育系）、孔博泉（毕业于北京民国大学体育系）、吴桐（毕业于北京体育专科学校）、刘少堂（毕业于中山学院）、郭梦玉（毕业于四川北碚体育专科学校），他们除了给学生上课，还组织一些有特长的学生参加运动队。可以看到，在中华人民共和国成立以前，呼和浩特市的体育活动已有一定的基础，但体育活动范围有限。

呼和浩特市的民间体育活动主要有举重（举石锁、举石担、举大刀、举石臼等）、武术、摔跤、踢毽子、荡秋千、放风筝，等等。据许多老体育工作者回忆，在呼市旧城庆凯桥北、太平召前一带，每逢春夏季节，各族人民经常三五成群地聚在一起进行体育活动。

中华人民共和国成立前，呼和浩特市体育场地十分简陋。一处在新旧城之间，除空旷的草滩外，仅有 6 间平房；另一处是现今锡林南路一带（当年是荒芜的草地），那里曾是"绥远省赛马场"，上述场地均系天然场地。各中小学校的体育设施也非常简陋，仅有"奋斗中学"（今呼和浩特市第二中学）、"国立绥中"（今呼和浩特市第一中学）、"恒清中学"（今呼和浩特市回族中学）、"归绥师范学校"等几所学校有供学生上体育课和开展体育活动的简易运动场。在归绥师范学校院内，通过师生义务劳动修建了一个简易游泳池，这个游泳池宽 20 米，长 30 米，池壁是用草坯砌成的。各学校的小型运动场除备有 1～2 副篮球架和单双杠外，没有其他体育设备。

二、1949 年以后呼和浩特体育事业发展概况

（一）体育机构

呼和浩特市主管体育的最高行政机构是呼和浩特市体育局，其前身为成立于 1953 年的呼和浩特市体育运动委员会。2001 年，为贯彻《内蒙古党委、政府关于呼和浩特市党政机构改革方案的通知》（内党发〔2001〕30 号）精神，呼和浩特市体育运动委员会更名为呼和浩特市体育局。

中华全国体育总会呼和浩特市分会于 1984 年 4 月成立，所属单项协会有：足球、田径、体操、乒乓球、网球、信鸽、羽毛球、桥牌、棋类、举重、武术、射击、气功、老年人体育协会，等等。

（二）学校体育

中华人民共和国成立初期，呼和浩特市学校体育蓬勃发展。全市（包括土默特左旗、托克托县、郊区）有中小学 220 所，学生 22312 人，学校的体育活动受到极大重视，当时全市的体育工作是在团市委、工会、教育部门的分别领导下开展的。

1953 年，毛泽东主席向青年发出"身体好、学习好、工作好"的号召，党中央发布了"关于加强体育工作的指示"。同年秋，呼和浩特市建立体育运动委员会，并配备了专职干部，市体委同教育部门配合，首先在一中、一师进行了"劳卫制"锻炼的试点。1955 年，有 11 所中等以上学校的 9000 余名学生参加了"劳卫制"锻炼，占 11 所学校学生总人数的 80％。1956 年，全市有 35000 余人参加了"劳卫制"锻炼，其中，有 13591 人分别达到各级标准。到 1957 年，全市已有 21 所大中专学校推行了"劳卫制"。

1958 年，各校按照人民教育出版社编写的体育教材进行教学，学校体育工作开始出现新面貌。1959 年 10 月 23 日，市体委成立了大马路体育场青少年业余体育学校，校内设有青年篮球班、少年篮球班、乒乓球班、足球班、水上班和网球班。在这一年，全市共有职业体校 7 所，体校学生 630 人。1961年，在呼和浩特市各级学校内掀起了"乒乓球热"。为适应这一形势，呼市开展"青少年乒乓球活动月"和"小足球活动月"，并于同年 12 月举行全市中小学青少年乒乓球比赛。1963 年，全市学生"劳卫制"合格人数达 40014人，等级运动员达 8304 人。1964 年，为纪念毛泽东主席畅游长江，市人民政府投资 30 万元修建游泳池，当年夏季，游泳池接待人次达 12.7 万，其中，中小学生人数为 7.6 万。

（三）群众体育

呼和浩特市职工群众性体育活动在中华人民共和国成立后，迎来了不错的发展机遇。据绥远省团委 1953 年 6 月统计，1950 年参加首届省运动会的工人仅 64 人，1952 年增加到 184 人，其中归绥市（现呼和浩特市）市区的职工占 80% 以上。1953 年，全市的工人篮球队数量较 1949 年中华人民共和国成立初期，增加了近 10 倍。

1962 年，以乌兰夫同志为首的自治区党政军领导干部组成"促进"排球队，同年 1 月 11 日，该排球队在内蒙古体育馆与呼和浩特市党政军领导干部临时组成的排球队进行了联欢比赛。呼和浩特市委书记副市长陈炳宇，市委书记林以行发出倡议书，成立益壮排球队，并规定排球队每周到体育馆活动两次。呼铁局、内蒙古印刷厂 75% 以上的职工参加了球类、武术、跑步等多项活动。在这一年 12 月还开展了为期 53 天的冰上活动，参与活动人数达 49777人次，平均每天 900 人次。同年，呼和浩特市体委、团委、工会联合在市人民体育场举行首届体育庙会。

1977 年 10 月，在内蒙古体育馆、市体育场举行了男女长跑、体操等表演活动，在新城区、玉泉区体育场进行了体操、篮球、航模等表演。呼和浩特市全年共组建了足球、篮球、排球、乒乓球、田径、体操、网球、冰球、速滑、游泳、武术、摔跤等12个项目的职工代表队，分别参加了全国、华北协作区、六城市（呼和浩特市、包头、张家口、大同、银川、太原）、自治区的各种比赛。

（四）民族体育

作为一个多民族聚居的城市，呼和浩特民族体育活动深受世代居住在这里的各族人民喜爱。中华人民共和国成立后，党和国家积极提倡开展民族形式的传统体育活动，1953年10月8日，国家体委和中央民委在天津举行了全国民族形式体育运动会，来自呼和浩特市的摔跤、武术运动员6人作为内蒙古自治区代表参加了这次比赛。1954年7月，内蒙古那达慕大会在呼市举行，呼市组队参加了比赛。1959年，第一届全运会马球、马术项目在呼和浩特市举行，自治区为迎接这次比赛，在麻花板北修建了占地面积32万平方米、全长2000米的大型赛马场。1981年8月，为庆祝呼和浩特市建城400周年，在赛马场举行了那达慕大会，内蒙古马术队在大会上表演了马上体操、驯马、斩劈、障碍、马上技巧等项目。还有射箭表演、拔河比赛、蒙古式摔跤、航模、马球表演、男子2 000米、女子1 000米轻乘赛马比赛，等等。此次大会有近千名运动员参加，观众达十万余人次。

1982年9月，第二届全国少数民族传统体育运动会在呼市大马路体育场举行。开幕式上，5000多名中小学生表演了大型团体操《民族盛会》。这次少数民族传统体育运动会，有29个省市自治区，55个民族的800多名运动员参加，共表演了68个传统项目，进行了300多场内容丰富、风格各异的精彩表演，观众达80多万人次，党和国家领导人乌兰夫、万里、阿沛·阿旺晋美、杨静仁等同志以及国家体委负责人出席了大会。

武术是呼和浩特最受欢迎的民族体育之一。1974年，在呼市人民公园（现名为青城公园）、养鱼池、新城公园、新华广场、第一苗圃、大马路体育场等地建立了武术指导站，聘请业余武术教练员对武术爱好者进行指导。几年来，指导站共培训出近万名武术爱好者，并多次参加自治区及全国比赛。

（五）体育竞赛

随着人民物质文化生活的不断提高和改善，呼市的体育竞赛活动越来越广泛，体育项目越来越多，内容也越来越丰富。呼市派队出外参加比赛，请外地运动队来本市活动，同时还承办过全国、内蒙古自治区和城市协作区之间的体育竞赛。一些外国运动队和体育友好人士也先后到呼市访问并参加比赛及各种形式的竞赛活动，为活跃呼市体育运动氛围、推动体育运动的进一步开展、提高运动技术水平起到了积极作用。

呼和浩特市历年市级竞赛计划的总指导思想是以学校活动为主，而学校又以中小学为重点，因此，中小学生竞赛活动占到每年市级竞赛活动的 2 / 3。在竞赛方法上，呼和浩特市坚持业余自愿，小型多样，贯彻两条腿走路的方针，全面考虑，统筹安排，因地制宜开展比赛，历年来基本上做到了"天天有活动，周周有对抗，月月有比赛"。

呼和浩特市组队参加了全区田径、球类、体操、射击、滑冰、棋类等 20 多个项目和各种形式的比赛。除了综合性运动会（内蒙古自治区 1-5 届运动会），还有单项锦标赛、联赛、邀请赛、对抗赛和选拔赛，等等。在参加的组别和对象上，有以职工、农民、大学、中学、小学的成年、青少年和儿童为主要参与者的比赛，也有专门为老年人和伤残人群体设置的活动。

20 世纪 50 年代前中期，呼和浩特市在参加全国（包括华北地区）各项比赛时，多以市为直接参与单位。呼和浩特各项代表队参加过城市间的篮球、排球、足球、乒乓球、田径、体操、速滑、冰球、射击、武术、棋类以及中长跑等各项比赛。值得一提的是，1958 年 1 月，呼和浩特市派出冰球代表队赴吉林市参加全国冰球联赛，在比赛中获得了乙级队比赛的冠军，这是呼和浩特在全国集体项目比赛中第一次取得冠军。

20 世纪 50 年代后期的全国比赛，则多以内蒙古自治区为直接参加单位，对全国比赛中的部分项目，自治区又指定呼和浩特市代表内蒙古自治区参加，也有呼市运动员被选入内蒙古队，代表自治区参加全国比赛的情况。

（六）体育场馆与设施

中华人民共和国成立后，随着经济、文化、体育事业的发展，呼市的体育运动场地从无到有、从小到大，经历了一段较为迅速的发展期，先后修建了大、中、小型各级各类体育场地，包括体育场、乙级体育馆室外游泳池、带有固定看台的灯光篮球场、举重房、田径房、羽毛球房、棋类室、摩托车训练比赛场、赛马场、射箭场、体操房、乒乓球房、足球场、田径运动场、小型运动场、篮球场、排球场、室外网球场、室外射击场、旱冰场等各类室内外体育场馆。

三、新时期呼和浩特体育事业发展概况

近年来，呼和浩特市群众体育稳步发展，首先体现在体育场馆设施的数量和面积上。截至 2021 年 6 月，呼和浩特市共有标准体育场 15 个，体育馆 513 个（其中篮球馆 48 个、排球馆 8 个、羽毛球馆 74 个、乒乓球馆 311 个、田径馆 3 个、足球馆 4 个、冰壶馆 2 个、滑冰馆 2 个、体能训练馆 23 个、大型体育馆 5 个、注册室内游泳场馆 33 个），体育公园 2 个，健康主题公园 4 个，安装健身路径器材 1300 多件，建设笼式足球场 682 片。全市体育场地总数达到 4800 个，体育场地面积 522.43 万平方米。

呼和浩特市还规划了以"一线两带"为基本格局的体育场地设施。"一线"是指沿城区中心大街建设多个体育公园和健身广场，在这些体育场地派驻社会体育指导员组织开展健身项目。"两带"分为"北带"和"南带"，

其中，"北带"为生态体育健身带，依托大青山、回民区生态路、国家级足球培训基地等设施。"南带"为休闲体育健身带，东起赛罕区敕勒川广场、西至玉泉区水上公园和蒙古族风情园。

同时，呼和浩特市全民健身服务网络体系也日趋完善。全市302个社区、965个建制村实现了"全民健身指导站"全覆盖，共有社会体育指导员7400余名，体育协会63家，体育俱乐部130家。全市范围内共创建了21个示范性"体育生活化社区"，在社区内常年开展健康快车进社区活动，形成了基层全民健身常态化运行机制。

近5年，市政府和各旗县区先后投资近30亿元，用以加强体育基础设施建设。一是加强综合性和专业性场馆建设，新建游泳跳水馆、综合体育馆、射击射箭馆、少数民族文化体育运动中心、土左旗奥林匹克体育中心等运动场馆，承接国内外高水平专业赛事的能力大幅提升。二是加强公共体育设施建设。建成青城公园体育馆、公主府公园体育馆、扎达盖公园体育馆、阿尔泰健康主题公园、科尔沁智能体育公园、清水河县文体中心、武川县滨河体育公园等体育场馆，基本实现城区"十五分钟健身圈"。

体育产业服务内容丰富多样，吸引了更多群众关注体育，在参与体育活动的过程中受益。冰雪运动、马拉松、马产业等项目备受关注，邀请赛、交流赛、职业联赛等各类赛事活动层出不穷，这不仅仅推动了体育项目本身的发展，还拉动了体育装备、体育中介、体育传媒、体育表演等各相关产业的发展，体育、文化、旅游融合产业发展模式正在逐步形成。

第四章　呼和浩特市体育文化记忆要素分析

法国学者哈布瓦赫先后发表了《记忆的社会框架》《福音书中圣地的传奇地形学》《论集体记忆》等专著，指出不同的个体记忆立足于不同的"社会框架"当中并被不断地演变、提取和重构，个人的理性活动依赖于当下的社会环境而进行选择性回忆。美国学者保罗·康纳顿在其著作《社会如何记忆》一书中提出社会记忆有两种传播方式，即"纪念仪式"和"身体实践"。其中，纪念仪式被视作一种形式化的语言，可以通过肢体动作表达和传承，有具体的艺术表现形式；身体实践则是指过去进行的各种身体活动可以复现，并且这种身体活动能够避免因各种复杂外部条件而可能受到的侵扰。个人的记忆要点离不开社会框架，任何个体记忆都是在社会框架中进行搭建、回忆和阐述的，不同的个人记忆凝结形成共同的社会记忆。

第一节　呼和浩特市体育文化记忆中"人"的要素

作为身体实践活动，体育是一种承载和传达着群体社会记忆的工具。保罗·康那顿认为，动作技能可以通过反复的练习转化为身体的自动化程序，这种自动化的操演行为"是他们作为记忆体系的重要性和持续性的源泉"，而每个"群体都对身体自动化赋以他们最急需保持的价值和范畴"。

樊炳有提出的城市体育文化记忆理论认为，从城市角度而言，城市是人

41

类社会文化的物化。城市的主体是人，城市文化是由不同的人创造的，是为城市内居民所共享的文化成果。"人"是城市体育文化的实践者和参与主体，是城市体育文化记忆要素的核心，这里的"人"既包括在城市体育文化发展历史中具有特殊意义的主体，也包括长期工作、生活、学习在城市中的主体。樊炳有在《城市体育文化记忆研究》一书中，将城市体育文化记忆中"人"的要素进行了类别、标准的划分，认为能够成为城市记忆要素"人"的类别标准主要涵盖历史名人、世界冠军、行业精英和传承人（见下表），其依据是参照目前城市体育博物馆入馆人物的特征来进行确立的。

表 4-1　城市体育文化记忆要素"人"的类别、标准

分类	基本标准
历史名人	指在推动城市体育历史发展中有突出贡献的著名人物、社会知名人士、以专长而自成一家的人
世界冠军	在奥运会、世锦赛、世界杯赛中取得冠军的运动员。在围棋界夺得中日韩举行的职业大赛第一名的棋手。
行业精英	指体育行业中的中高级精英人才，具有较高的行业价值，体育行业的典型代表、创始人、知名裁判员、教练员等。
传承人	是直接参与体育非物质文化遗产传承、使非物质文化遗产能够沿袭的个人或群体，是非物质文化遗产最重要的活态载体，包含民族传统项目的传承人等。

上述记忆要素中的"人"，主要是基于自上而下的"正史"记录，选取具有一定影响力的人物作为"人"的要素，从官方视角进行研究，而本研究则立足于普通民众，从自下而上的视角关注官方记录之外的体育记忆，即以呼和浩特体育文化的亲历者作为"人"的要素和记忆载体，对呼和浩特体育文化进行回顾与总结。这里"人"的要素不再是名人、名流，而是来自普通群众中的未名人士。

第二节　呼和浩特市体育文化记忆中"事"的要素

德国学者扬·阿斯曼与其妻子在哈布瓦赫"集体记忆"的理论下，突破性地提出文化记忆理论。即运用现代科技手段将无形的记忆保存下来，使其物化和固化，从而得以保留。他认为哈布瓦赫提出的集体记忆实际上可以视作是一种交际性记忆，是一种可以与同代人共享的记忆，随着其载体产生和消亡。文化记忆理论则更关注人与人之间通过交流和实践而对同一事件进行的复现回忆，以扬·阿斯曼的文化记忆理论为依据，可以将呼和浩特市体育文化的记忆要素定位到"事"的层面。

樊炳有认为，城市内每天发生着大大小小的事件，那些意义重大、社会影响范围广、居民记忆深刻的事件被看作城市文化发展的"经纬线"和"刻度尺"，是城市体育文化记忆的主要方面。"事"作为社会记忆框架的主体结构和记忆构建的纽带，能够将零散的记忆要素加以整合，使个体记忆和社会记忆更加鲜明和完整。樊炳有对可以作为城市体育文化要素范畴的"事"也进行了类别和标准的划分，如表 4-2 所示。

表 4-2　城市体育文化记忆要素"事"的类别、标准

分类	基本标准
重大历史事件	具有重大意义、典型意义或典型价值的历史事件。也包含虽然城市空间形态或功能已改变，但实际上曾经在城市发生的与体育相关的地点、空间犹在的实践
节庆、仪式	一般指城市重大体育活动的庆典、传统体育文化仪式、大型体育表演、历史纪念活动等行为实践，以及含有体育色彩的民俗活动。
商贸及会展	体育展览会、展销会、博览会、广告促销、募捐等
体育赛事	职业比赛、业余比赛
体育科学事件	学术大会、研讨会、专题学术会议、学术研讨等
市民活动	以租用、借用或者以其他形式临时占用公共场所，面向社会公众举办的群体性活动，如市民运动会等

第三节　呼和浩特市体育文化记忆中"物"的要素

"记忆场"的奠基人皮埃尔·诺拉在其著作《记忆之场》中定义了记忆与传统历史之间的联系，并提出了"记忆场"理论。呼和浩特市体育文化记忆中"物"的要素就是代指那些具有特殊象征性意义的物化了的记忆形式符号。这些反映在群众记忆当中的实在场域是记忆历史存在的附着物，也是记忆历史存在的特定场域，它们以其相对固定的现实存在形态蕴涵着特殊的象征含义，在不同的历史背景之下展示出不同的社会功能。这些场域之所以能被当作记忆要素，是因为每个"记忆场"的社会记忆都可能会随着其具体社会使用功能的变化而变化，但其外部物质形态几乎是不发生变化的，这种相对固定性使历史时间变得相对停滞，使无形的情感和记忆变得有形化和真实化，人们不知不觉地将丰富厚重的历史意义储存在相应的固定场域里，当置身其中的时候，相关记忆则会不自觉地复现，这种记忆既有流动性，又存在固化性。

樊炳有认为"物"的记忆更为直观和形象化，是城市体育文化"场景化"的记忆。主要由城市中有形的体育资源和场所空间构成。宏观上来讲，即城市内一切可见的具有体育文化特征和独特意义的实体；微观上来说，即作为城市体育文化的支柱的，服务于城市体育文化生活的基础设施。其中，既包括承载重大体育历史的建筑物，也包括能充分满足广大城市居民体育需求、舒适便捷的健身场所。既包括承载城市体育文化历史的博物馆、纪念馆，又包括可供居民闲暇休闲娱乐的商业体育设施场所。城市体育文化记忆中"物"的要素并不等同于宏观全部物的概念，它必须是由人所创造，与城市体育文化历史进程息息相关，是能够体现城市独特体育文化功能的物质载体。

表4-3　城市体育文化记忆要素"物"的类别、标准

分类	基本标准
体育场馆	主要指为了满足运动训练、运动竞赛及大众体育消费需要而专门修建的各类运动场所的总称。体育场馆主要包括对社会公众开放并提供各类服务的体育场、体育馆、游泳馆，体育教学训练所需的田径棚、风雨操场、运动场及其他各类室内外场地
体育博物馆	是体育文物的收藏和展示中心，也是体育学术交流和体育文化开发的中心，更是传播体育知识、传承现代文明的载体，让参观者了解城市体育产生、发展、壮大的来龙去脉
纪念物	纪念物是用于纪念与体育有关的人（亡故者）或事物的物体，常见的形式包括地标物、雕塑、雕像、器具以及相关艺术形式，按体裁分为纪念性雕塑、建筑装饰性雕塑、陈列性雕塑以及体育类工艺品、艺术品等
体育广场（中心）	体育广场是一个可以让人们聚会休息，也可供节日庆祝联欢等活动之用的空间，体育广场的文化载体在体现了城市建筑、文化、人群与活动这些显著特征的同时，也体现了人们对大自然的亲近与回归
体育公园	公园更多的是体现体育功用，通过栽植树林，营造缓坡地形，为居民提供了一处休闲娱乐的场所。充分实现了竞技与休闲、体育与自然的完美结合，是集运动休闲与娱乐教育于一体的大型体育场所
健身俱乐部	体育俱乐部、健身房、体操房和其他简易的健身娱乐场地等

第五章　呼和浩特学校体育文化变迁

文化既是一种社会现象，也是一种历史现象，具有复杂的特征。体育文化作为文化的一种，具有传承性和时代性。学校体育文化是社会主义精神文明建设在学校这一特殊场域内的突出表现，体现了各个学校独特的体育精神面貌，是在学校广大师生群体的具体实践中所创造出的体育现象和精神及物质财富的总和。

学校体育文化有着深刻的内涵和外延。首先，它与校园文明建设的德育、智育、美育、劳育一起构成了学校文化群，在培养社会主义现代化合格人才中具有重要意义；其次，又与竞技体育、群众体育等一同构成了广大的社会体育文化群。学校体育文化是一个内涵广泛、系统开放的文化形式。学校体育文化活动的蓬勃开展与塑造学生体育道德素养、提升学生身体素质、关爱学生心理健康和培养一专多能的新时代人才的要求相适应。

第一节　体育课

清朝末年，在由西洋教士设立的教会学堂中，就已出现了呼和浩特市最早的近代体育项目。1917 年，归绥城的中小学开始设置体育课程，但是没有正式的体育教师负责，体育课程很多时候由音乐或美术教师兼任，教学内容也没有固定的项目，只是从学生的兴趣出发，做一些奔跑、传皮球、叠罗汉等游艺活动。1924 年，呼和浩特市学校体育逐渐正规化，开始设置体育专门课程并配备专职体育教师，教学内容更加具体化，此时呼和浩特市学校体育开设了赛跑、跳高、跳远、跳绳、拔河、篮球等田径和球类项目。当时的土默特小学、满族小学、铁路小学等学校之间已经开始有了体育比赛活动。是年春，归绥市（现呼和浩特市）各学校联合举行了第一届小学生运动会。1926 年，呼和浩特市中等学校第一届运动会召开，学校体育出现了新的发展。1937 年，日本侵略者在学校推行法西斯军事体育，进行列队、野营、棍棒、爬障碍、徒手对抗等强化训练。

归绥市（现呼和浩特市）和平解放后，呼和浩特市学校体育发展开始步入正轨。为贯彻执行党的"德、智、体"全面发展的教育方针，呼和浩特市各学校把体育列为必修课，并配备专职体育教师，制定教学计划、年终考核，还十分重视体育教师的培训，对体育教师定期进行业务训练，提高了他们的业务素质。

对于中华人民共和国成立初期呼和浩特市学校体育的师资力量，侯老师和朝伦老师这样回忆：

"（A-HBS-1）在中华人民共和国成立后，共产党和人民政府就已经把体育运动当作新民主主义教育的重要部分及培养人们勇敢、坚毅、机敏、乐观和集体主义优良品质的重要手段，把体育运动当作发扬人体劳动能力的科学。在那个时候，由于呼和浩特市各级体育组织尚未建立或不健全，体育工作又缺乏经验，对呼和浩特市体育运动还是处于一般提倡和号召而缺乏具体领导组织的阶段，各地体育运动的发展还不平衡。如有的旗县的体育组织尚无专职干部，有的学校体育正课已经实施了有计划的教学，体育课外活动已经按领导组织的推进体育锻炼标准实行，百分之百的同学都参加了体育活动，而有的学校的体育课可能仍然是放羊式的教学，课外体育活动处于无人领导的自流状态。由于之前人民身体长期处于反动统治下，遭受了极其严重的折磨和摧残，现阶段又负担着艰巨紧张的学习和工作任务，很多学生的身体情况不太乐观"。

"（E-CLBTE-1）中华人民共和国成立初期，呼和浩特市的很多体育教师都是由师大培养的，学生里如果有水平高的就送到外地，如上海体育学院和北京体育学院去进修。回来后在体院当教师，当时学校里老师不多，只有十来个，三大球项目都是各一个老师，田径六个老师，体操五个老师。当时也学习理论课，如教育学、心理学等，都是国家统一规定的，只要是教育学类的专业都必须要学习这些课程。体育学院还专门学习生理学，解剖学，等等。1988年，师大开始有了本科生，以前都是专科生，当时学生不多，大概二十个人一个班，一年只有一个班，专科的学制是两年。"

呼和浩特市中小学首先进行了教学内容和教学管理方面的改革，取消了"公民"课，删除了各科教材中封建、腐败、法西斯的内容，开始贯彻新民主主义的教育方针，实行教导合一，运用理论联系实际的教学方法，加强政治思想教育，努力建立新型的师生关系。

在当时，全市（包括当时的土默特左旗、托克托县、郊区）共有中小学二百二十所，学生两万余人。在稳定的社会大环境下，呼和浩特市学校的体育活动受到了政府部门的极大关注。在政府和社会的共同敦促下，学校体育工作迅速发展，体育项目由原来的田径、篮球、排球三项，增加到足球、体操、武术、摔跤、乒乓球、滑冰、游泳、射击、航模等十三项。

在市团委、工会、教育部门的分工领导下，呼和浩特市体育工作稳步开展。1950年，原绥远省教育厅组织了全绥远省中小学体育教师学习会，省文教厅发布了《有关小学教育中几个问题的指示》《绥远省中等教育暂行实验方法》，在其中规定了中小学学制、课程设置、教学计划，这些指示和办法帮助呼和浩特市迅速建立起新的教学秩序。为响应国家号召，政府为各中小学校购置了包括联合器械、双杠、单杠在内的多种体育设备，着手开展形式多样的现代体育课程。

1953年，毛主席向青年发出"身体好、学习好、工作好"的号召，党中央发布"关于加强体育工作"的指示。中小学开始学习苏联的教学经验，学习苏联的教材和教学方法，采用苏联的五级计分法对中小学学生会的成绩进行考查。同年秋，呼和浩特市建立了体育运动委员会，配备了专职干部，市体委同教育部门配合，首先在呼和浩特市一中进行了"劳卫制"锻炼的试点，在面向学校全体学生进行广泛的宣传后，结合学校的具体情况，研究和制定了"'劳卫制'预备级的暂行项目标准"，初步拟定了锻炼计划，规定了目的、任务及推行的具体方法等。在组织方面，成立了"劳卫制"预备级推行委员会，由学校行政、工会、青年团、学生会、班主任、体育教师、校医等代表共同构成。"劳卫制"预备级在全校推行之后，呼和浩特市一中参加锻炼的学生占到全校学生的93%，"劳卫制"不仅提高了学生们对体育锻炼的兴趣，还在增进健康、减少疾病、提高学业成绩等方面起到了很大作用。自此，呼和浩特市学校的"劳卫制"预备级锻炼开始全面地开展起来了。

"（E-CLBTE-1）1955年，我在师院体育科上学的时候，球类三大项目都学，还有体操。冬天学滑冰，夏天学游泳。现在的内师大厦那块是以前我们上泳课的泳池，当时就已经开展了这些项目。当时的体育科学生毕业后是去各个中学当老师，当时没有专项，所以各项体育运动都要学习。那会儿篮球场地多，比较方便，大家也都喜欢在课余时间打球。后来才有了乒乓球和羽毛球教学，但由于缺少场地，开展得不太好。当时田径学习跑、跳、投技术，难度高一些的跨栏技术在当时并没有学。"

1958年，呼和浩特市各级学校开始按照人民教育出版社编写的体育教材进行学校体育教学，学校体育工作出现了新面貌，全市"劳卫制"锻炼合格人数达到了2万人，各学校各种项目的运动队由500个增加到5700个，参加的学生多达45000余名。同时，为响应中央号召，各中小学开展了万人乒乓球活动。1959年，市体委成立了大马路体育场青少年业余体育学校，设立青年篮球班、少年篮球班、乒乓球班、足球班、水上班和网球班。此举在呼和浩特市大中专和小学里掀起了一股"乒乓球热"，为适应这一社会体育形式，全市开展了"体育活动月"项目。1964 年，为纪念毛泽东主席畅游长江，市人民政府投资 30 余万元修建了游泳池，在这一年，夏季呼和浩特市参加游泳人数达 13 万，其中中小学学生 7 万人次。

"（A-HBS-1）我是 20 世纪 60 年代上的中学，那时候，学校体育课还没有开展滑冰项目，都是感兴趣的学生私下里自己去学、去练。20 世纪 70 年代中期开始上滑冰课，到了冬天，初高中的体育课都开设滑冰课，学校自己组织泼冰场。

我上学那个时候，内蒙古师范大学体育学院还叫体育系，体育系当时开展的课程有球类三大项（篮球、足球、排球）、田径和体操，等等。当时有理论课，也有专项课，学校的主要培养方向就是体育教师，要求学生熟练掌握基本的体育项目。学校体育教学内容就是初级的球类技术和田径技术，让学生能够熟练掌握各体育项目的基本知识和技能，要想学习更深入的专项技术，都是要加入专业队之后才能去进行学习和训练的。"

"（C-LJY-1）我是在 20 世纪 60 年代上的中学，那时候的学校体育内容还是比较丰富的，学校里开展篮球、体操、短跑、乒乓球、滑冰等课程。我很少参加篮球活动，那个一般都是男生玩。上学时候记忆最深的就是一个星期只有两节滑冰课，同学们都非常喜欢，一到冬天，学校的操场就浇水变成了冰场，我们就在学校里面滑冰。中学老师教了一些简单的体操和滑冰技术动作。一般都是考上体校，才专门去教、去学得更加深入，那时候的内蒙古师范大学就有体育系了，而且老师教得也好。"

对于改革开放后呼和浩特市学校体育文化发展情况，赵曦老师这样回忆：

"（B-ZX-1）在小学上体育课的时候，大家都是做做简单的热身运动之后就自由活动了。自由活动的时候，同学们都玩丢沙包、闯关等游戏。我记得当时中小学是没有专门学习过体育技术的，就新城区那边的小学简单教过一些足球技术。那时候学校也没有足球场，只有一个篮球架。1996 年我上初中，当时八中的学生比较多，一个班七十多人，一个年级十二个班，学生基数大，一次校运会要开三天。当时正赶上足球职业化，学校里足球氛围很好，夸张点说，不踢足球甚至都有可能会被同学排挤，大家的体育共同话题就是踢足球。一到上体育课的时候，同学们的积极性特别高，平时学校比较重视学习，所以大家能在体育课活动活动、踢踢球，是非常开心的一件事。当时的体育课上也有意外受伤的同学，都是由家长带着去医院看，没有因为孩子体育课受伤来找学校麻烦的情况。体育课与其他文化课相比有更多的身体活动，现在的学校和老师因为担心学生受伤都不太敢教了，像以前的体操肩肘倒立、侧手翻、双杠、单杠等动作，老师现在也不教了，现在的课程设置和内容设置变得保守了。

当时我们学校的体育老师是从呼和浩特市最早的中乙职业足球队——呼和浩特市包钢带钢足球队退下来的队员，在大马路体育场踢过几次主场，后来球队解散了。他经常带着我们去外面踢比赛，平时也教我们足球技术，当时老师教的那些动作，是我们这些从小踢野球出身、根本没有机会系统学习过的。课间休息的时候，我们也会在过道上颠颠球。那时候，学校和老师都特别鼓励学生参加体育运动，我们班主任就特别重视体育教育，他说没有好的身体，学习是学不好的，也是因为这样，我们班的学习成绩连续三年都是全校第一。

最近，在呼和浩特市校园足球和内蒙古试点足球活动的开展下，踢球的人多了，但是整体来说是踢球的人比以前是要少的。孩子和家长们的各种压力，都对参加体育活动有影响。足球氛围不如二三十年前，呼和浩特市球馆里踢球的人大部分还是我们当初这些踢野球的，还有就是学校足球在90后这里出现了明显的断层，踢球的人少，踢得好的更少。"

对于改革开放后呼和浩特市学校体育文化的发展情况，苏军老师这样回忆：

"（D-SJ-1）改革开放后，国家对学校体育教育就很重视，那个时候，呼和浩特市小学开始出现了业余体校，竞技体育项目属于刚起步阶段，呼和浩特市回民区、玉泉区、新城区都有业余体校，我是第一批进入新城区业余体校的。当时的运动员选拔方法就是在各区内小学学校的运动会上、比赛中找成绩突出的学生，询问家长或学生本人是否有读体校的意向。体校招收的学生也不多，学校补助是挺好的，文化课方面有专门文化课的老师来教。下午上完两节课后就开始训练，业余体校就是利用业余时间去训练。我上小学的时候，印象最深的是学校里兴起了一股武术热，孩子们对港台片《霍元甲》《敢死队》《上海滩》等非常喜欢。武术在那一段时间很盛行，当时那些老电影对学生们影响还是挺大的，"东亚病夫"四个字也鞭挞着我们每一个人。

当时初中的体育课没有达到一周上五节课的水平，每周只有两节课。主要受师资、场地等各方面的局限。各个学校都有自己的田径训练队，吸收这些体育人才主要是为了让他们替学校参加各种体育比赛。对学校来说，不光文化课，体育也要走在前面。

在二中上高中的那三年，我们的上课内容比较丰富，那时已经开始分班教学了，男女生是分开上课的。校园体育文化开展得非常好，因为那时候体育课就已经是一周五节了，基本上每天都有体育课。当时二中不仅学习氛围好，体育课程开设得也非常好。田径、体操、三大球，这些运动学校基本上都开展了。

我们在师大上学时没赶上上泳课，我们之后的下一届才开设游泳课，在现在的内蒙古师范大学大厦上课。我觉得这类项目应该开设齐全，这些都是体育教师应该熟练掌握的基本技能。我参加工作后，学校每年冬天也开展冰课，学生有受伤的、摔断腿的，但是这些在教学过程中都是正常的，那个年代滑冰课、游泳课都开过，现在游泳课已经基本不开了。一方面是担心学生安全，怕如果出事了承担责任会很麻烦。前两年中小学校专门在太伟滑雪场对教师进行了滑雪培训，当时大家都掌握得不错。

我刚来十八中上班时，呼和浩特市中学体育教师学历能达到大学本科的很少，大多数都是专科学历，但是老师们的专业素质能力都很不错。现在中学校体育教师的年龄结构比较均衡，偏老一些的就是四十岁往上，这个年龄段的并不多，年轻的和老年的基本上算是对半吧。就拿十八中来说吧，前几年老教师都退休了，现在学校的体育教师年龄结构偏年轻化了。"

对于改革开放后呼和浩特市学校体育文化发展情况，朝伦老师这样回忆：

"（E-CLBTE-1）20 世纪 80 年代初我工作的那会儿，大家都喜欢滑冰和游泳，当时师大学校里有滑冰场和游泳池。每年冬天学校会组织浇冰，体育学院的学生一到冬天就必上滑冰课，体育系给每个学生都发一双冰鞋，大部分学生都选冰球刀，技术好的可能会选速滑刀，体育学院的学生除了平时上课，其他时间也可以滑冰。除了滑冰，老师也教冰球。当时师大有两个冰场，一个是体育学院学生上课用的，另一个是其他系学生上课时用的，都不对外开放，所以没有群众参加进来。"

呼和浩特市中学开设的滑冰课有着比较悠久的传统，也曾保持着较高的水准。根据《内蒙古师大附中志》记载，"近年来，体育组同志根据冬季严寒的气候特点，设法克服了多重困难，开设了滑冰课，解决了冬季体育课内容单调的问题，也大大增强了学生的学习兴趣和体质。"《呼和浩特市第二中学校志 1942-2012》中也曾提到，该校滑冰运动员曾代表呼和浩特队与内蒙古自治区参加过全国性比赛。关于滑冰课，韩老师回忆得非常详尽：

"（F-HTY-1）滑冰曾经很普及。我们上小学的时候，南门外小学没有塑胶的跑道，校舍也很简陋，没有现在的楼房，全部都是平房，操场比较大。当时我们学校的操场上有一排杨树，操场分成两半，小一些的叫小操场，到了冬天学校就会在小操场浇冰，我们从五年级开始就上滑冰课。到了初中的时候，绝大多数呼市的中学，冬天的体育课都是滑冰课。学校有自己有冰场的，有操场的就在操场上浇冰，学校没有操场或操场比较小的，就会借其他学校的冰场上冰课。我当时在师大附中上学，冬天是把排球场浇成冰场，在土默特中学上高中的时候，就在食堂旁边的一片空地上浇冰场，所以我们中学是上了 6 年的滑冰课，做体育老师要求会滑冰，因为到了冬天需要教滑冰。

到大学的时候，我们的滑冰课是在公共体育课上，进入冰期以后，公共体育的授课内容全部改成滑冰课，当时师大的冰场很多，现在西边的田径场，以前属于土场和煤渣跑道，那个时候不是塑胶跑道，冬天是要浇冰的，那是一个大冰场，现在这块冰场是小冰场，那个时候的小冰场应该比现在这一块还要大一些。公共体育课的学生上冰课在小冰场，体院的学生上冰课在大操场，他们绕着400米的跑道练习速度滑冰。所以曾经呼和浩特所有的小学、中学到大学的体育老师，应该说都是要掌握滑冰这项技能的。"

作为曾经呼和浩特中学和大学必修的体育课内容，滑冰在近年来却渐渐退出了学校体育的历史舞台，在中小学一度消失。在内蒙古师范大学体育学院里，滑冰这项体育运动只能以专业选修课的形式保留。

"（F-HTY-1）那个时候，滑冰面向所有公共体育的学生，但是现在学校把滑冰作为课程越来越少了，师大的冰场也小了，大操场不能浇冰了。一方面，有塑胶场地以后，这个场地不适宜再去浇冰了，容易造成破坏。另一方面，冬天还要上一些足球和田径之类的专业课，就不能再占用操场了。只有一块小操场可以作为冰场，面积有限；学校办学规模也变大了，有2万多人，不可能让2万多的学生同时去上滑冰课，所以不知道在什么时候，公共体育就没有滑冰课了。现在的滑冰课就只是针对体院的学生。

滑冰在呼市经历了很长一段时间的低谷，一个原因是学校中小学办学条件的改善，中小学的操场基本上都是塑胶或人工草坪的，没有场地再去浇筑室外的冰场了，所以很多中小学滑冰课都取消了。大学里也是一样，场地的升级改造，还有办学规模增加之后，学生人数剧增，滑冰课场地的限制等因素共同影响，冰场没有办法向所有学生开放了，所以滑冰的人就开始渐渐减少，而且现在的小孩能玩的东西太多了，有很多娱乐的项目，不像我们那个时候，冬天除了滑冰也没有太多别的娱乐活动。但是现在的话，孩子们可以玩得太多了，所以当这只是一个选择之一，而不是一个必然的选项的时候，选择滑冰的人就少了，滑冰要买装备和器械，加上外面天寒地冻，还要去克服寒冷天气带给你的痛苦，而且滑冰还容易受伤，很多家长也不放心，所以现在滑冰的人数明显减少了很多。我去农大和师大的冰场，有时候人还比较多，因为有培训班，但是培训班下课以后，这些培训的孩子们走了，那冰场一下就空了。"

还有一些其他项目体育课的授课内容：

"（F-HTY-1）我上小学时是 1986 年，那个时候，我是在南门外小学上学的，那个时候学校里开设的体育课也就平平无奇吧，没有给我印象特别深刻的。我还记得上小学的时候，大概四五年级，开始学跳山羊，现在的小学可能没有了，那个时候小学有跳山羊，有学前滚翻、后滚翻，还有肩肘倒立这样的体操动作。当时学校里还流行足球操，好像当时全国都比较流行足球操，我们上小学的时候学过一学期。说是叫足球操，其实跟足球关系不大，就是把足球当成一种跳舞的辅助器械，其实已经算不上是足球运动了，因为在整个足球操里，我记得一些在音乐的伴奏下，把足球放在脚尖做类似停球的这种动作，并没什么足球技术可言，在全国流行过一阵足球操，现在有的学校再跳足球操可能会被人嘲笑，但在当时确实很流行。"

二十一世纪以来，学校体育成为了整个体育工作的战略重点之一。呼和浩特市各级学校认真执行国家教委和国家体委联合制定和颁布的高等学校和中小学"学校体育工作条例"，贯彻普及与提高相结合的方针，与时俱进改进体育教学，推行体育锻炼标准，在保证青少年和儿童德、智、美、劳全面发展的前提下，有计划地开展学校特色体育课程，营造良好的新时代校园体育文化。此外，随着高等教育的深入发展，现代校园体育课的教学形式和课程设置更加贴近本地区的特色文化，也更加尊重学生自身的兴趣爱好。兼具健身性和娱乐性的课程项目悄然加入到高校教学实践当中，并且逐渐受到大学生群体的认同。多种现代化的教学形式与学校体育融合，出现了良好的学习效果，促进了高校体育高速发展，激发了高校学生参与体育运动的激情，培养了学生们终身参加体育活动的意识。

第二节　课余体育活动

课余体育活动，是指学生充分利用课余时间参加的，以提高身体素质、放松并愉悦身心为主要目的体育活动形式。作为体育课的延伸和补充，课余体育运动是学校体育教育过程中不可忽视的一环。通过开展形式多样的课余体育活动，可以提高和深化学生在日常体育课中学习掌握的各项体育知识和技术、改善学生生活和学习质量、引导学生自觉积极参与体育活动、树立终身体育观念意识。课余体育活动的组织形式多种多样，目前呼和浩特市课余体育活动组织形式主要包括课间活动、课外活动、校园体育俱乐部、学校运动会、学校运动训练队、班级体育联赛，等等。

中华人民共和国成立后，呼和浩特市开始了学校教育新纪元。根据国务院 1954 年颁布的《准备劳动与卫国体育制度》，市政府进一步推进学校课余体育活动的开展。《制度》统一规定学生每周上两节体育课，并要求做早操，课间操和眼保健操，学校在下午安排课外活动，使学生从小受到系统的体育锻炼。在党的十一届三中全会之后，全市体育工作进入发展时期，开始试行"国家体育锻炼标准"，学校体育着重抓"两课、两操、两活动（每天早操、课间操，每周两节体育课、两次课外活动）"，实行新的体育锻炼标准，坚持组织学生每天做广播体操和眼保健操。

对于中华人民共和国成立初期呼和浩特市学校课余体育活动开展情况，侯老师和朝伦老师这样回忆：

"（A-HBS-1）当时的课余体育活动基本就是大家在操场上玩丢手绢、打沙包、跳皮筋这些，这些体育游戏在那个年代是很受欢迎的。但是现在到了互联网时代，孩子们都不玩这些了，都改玩手机和电脑游戏了。"

"（E-CLBTE-1）20 世纪 50 年代课余体育活动形式少，还没有丢沙包这种活动。那时候师大全校学生上午上完两节课后都要到大操场做课间操，当时还比较严格，每天都要点名。1966 年前，周一到周六都要上课，每天做广播体操，周天休息一天；后来改成了周一到周五上课，周末双休。"

1985 年，学校体育成为整个体育工作的战略重点之一。各级学校认真执行教育部和国家体委联合制定并颁布的高等学校和中小学《体育工作暂行规定》，贯彻普及与提高相结合的方针，改进体育教学，推进体育锻炼标准建设，在保证青少年、儿童德智体全面发展的前提下，有计划地开展学校竞赛活动。

对于改革开放后呼和浩特市学校课余体育活动开展情况，赵老师、刘老师和苏老师这样回忆：

"（B-ZX-1）当时学校里课余体育活动也挺多的，平时可以玩的项目有跳绳、单双杠、爬旗杆，等等。课余时间想踢球的话，必须要提前去抢场地。各个学校、同学之间也都相互约着空余时间一起踢球，切磋交流。学生们基本都在一中的场地踢球，那时候一中的场地最好，是标准的足球场。"

"（C-LJY-1）我上学那时候就有课间操，每天上午十点以后，全校在大操场做第三套广播体操，每天上午做，下午不做。一周 4 节体育课。小学学的体育内容不多，课余体育活动就是自由活动，有拔河，丢沙包的，也有的人会玩玩双杠，就是高低杠那种，会模仿别人炫酷的技术动作。"

"（D-SJ-1）我读书时，二中的体育课和课余体育活动还是很先进、规范的。虽然没有专业的场地，但打排球的氛围也挺浓，学生们经常在课余时间围成一圈练练传球、垫球、扣球等技术。包括那会儿假期，同学之间约着到满都海公园打排球。学生们在平时课余也会跳绳，踢毛键，这些活动都是自发进行的，现在校园都没有那样的体育氛围了。"

呼市的中小学也非常重视课外体育活动，比如在《师大附中志》中这样记载，"学校规定每天下午第三节课为课外体育活动时间，要求全校学生根据个人爱好，自借（器材室对学生开放）或自备运动器材，积极参加体育活动（体育活动普及率为80%），扩建了篮球、排球、足球场地，增添了单杠、双杠、秋千等设备，为学生课外体育活动创造条件；有计划地组织班与班之间（以年级为单位）的足球赛、篮球赛、排球赛，坚持开展冬季长跑、冬季越野、万米接力对抗活动；坚持早锻炼（牧区蒙授班）、课间操、眼保健操；举办田径运动会（每年两次）；每日中午和星期天，冰场向学生免费开放（冰课期间），鼓励学生参加冰上运动；举办体育节活动（1988、1992、1993 年）、冰上运动会（1991、1992、1993 业余时间举行）；举办'迎新年冰上运动联谊会'（每年 12 月 31 日晚），等等。"

对此，韩老师回忆道：

"（F-HTY-1）我们上初一的时候，一到冬天，都会自带冰鞋去上学。那时候下午两节课，放学早的话就会去马路对面内大的人工湖滑冰，有时候是去师大的冰场。从初二开始，每天下午有了自由活动时间和晚自习，我们就在第三节自由活动的时间到师大附中的小冰场滑冰。那个时候真的是对滑冰上瘾，中午有时候都不回家，就为了能在学校冰场滑一会儿冰。我们上初中的时候都不住校，但是学校有一个小食堂可以热饭，所以滑冰的同学经常就从家里带上饭盒到食堂去，让食堂给热一下饭。午饭时间在学校教室把饭吃了，就直接去排球场滑冰。那个时候我们对滑冰真的是有深入骨髓的那种热爱。到了寒假，每天都会约好到师大、农大和大马路体育场去滑冰，基本上跟夏天游泳一样，下午两点去，然后五六点天黑了再回家。"

课间是中小学生进行课余体育活动的重要时段，学生们最喜欢在课间进行各种各样的体育游戏，如打沙包、跳皮筋、跳方格，等等。

"（F-HTY-1）在学校里，还有印象比较深刻的是课间游戏，一般玩的最多的就是跳皮筋和打沙包，男生更喜欢打篮球踢足球。不过打沙包这种游戏是男生和女生都喜欢的项目。小学的时候，一般我们是在课间 10 分钟玩，上初中高中以后，因为在教学楼里上课，所以课间来不及出来，通常都是在下午两节课以后有一个专门的课外活动时间，大家都到教学楼前或者到操场去打沙包。

我们打沙包的项目有三种，一种是横线的，就是两头画线，打沙包的人分成两拨，一般黑白配或者是剪刀石头布分成两组，一组打沙包，另一组在场上躲沙包；一种叫横线打，就是打沙包的人在两边横线的后面，躲沙包的人就在横线的中间躲避飞过来的沙包。

第二种叫方块沙包，就是在地上画一个正方形，然后在4角画上4个小的方格，躲沙包的人脚踩进方格里，就相当于进了老巢，应该算是回窝里了，打沙包的人就不能再打他，但是每个人必须要把4个角的方块都踩一遍。这个游戏有点像棒球的跑垒，从其中的一个角出发之后，你要把这三个方格全部跑一遍再回到自己最初出发的方块上，这在棒球里面叫本垒。成功回去之后，如果有人被打下去了，你就可以救他一条'命'；如果是没有人被打下去，你就多一条'命'。现在想想，方块沙包还是挺有意思的。"

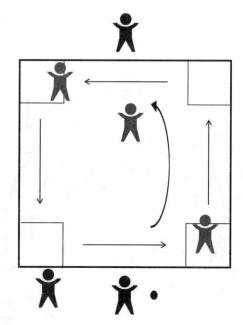

图 5-1　方块沙包游戏场地示意图

第三种更复杂，我们叫跑圈，指的是从中间开始向外延伸画螺旋线，螺旋线的圈数没有太多的限制，少则三四圈，多则有七八圈。人越多，圈数就越多，然后画到最外面结束的部分，画条横线，再往前前进，在大概几米的位置画一个门，大家在门后面的时候，相当于回了老巢，打沙包的人不能打你，你从门后面跑出去之后，其他人就可以任意打了。打沙包的人可以围着圈随意占位置，你可以站在对方的门口堵住他出来，也可以在圈外其他的任何位置。打沙包的时候，如果沙包打到了跑圈的人，那个人就失去了继续玩游戏的机会；如果沙包被跑圈的人接住了，就要把沙包用力掷出去，打沙包的一方要跑出去捡回来。班里奔跑能力强、速度快、力气大的同学在打沙包的时候特别受欢迎。这个玩法挺有意思，现在想想趣味性很强。一般来说，玩法很像棒球。比如接到沙包之后，再一掌把它远远地扇出去，其他同学就要去捡沙包，你就可以趁这个机会多跑几圈。对方捡回来或者把沙包扔回给自己本方队员，然后继续击打。跑圈的同学跑到最中间的圆心部分，就相当于是躲进一个堡垒，你就不能再打他了。但是他必须出来，然后绕圈再回到圆心处——我们现在叫本垒，这才算完成任务，要是成功回到本垒了，就可以救一个人或者是多一条'命'。"

图 5-2　方块沙包游戏场地示意图

"（F-HTY-1）当时女生最喜欢的活动除了沙包外，还有跳皮筋。现在想一想也挺奇怪的，因为当时皮筋它是比较本土化的一项游戏，但他是怎么做到皮筋的跳法在全国都一样的呢？跳皮筋的时候要伴随着歌谣，除了现在大家都知道的很流行的《小皮球》《马兰花开》这两首歌谣，还有《北京的金山上》《毛主席的光辉》《向前进》（是《红色娘子军》的主题歌），这几首歌谣非常有时代特点。不同的歌谣对应不同的跳法，一首歌唱完，脚上的动作也就结束了。还有一种不用唱的，我们叫"干蹦"，难度不大，就是看皮筋的高度，皮筋的高度越高，就越难完成。有些厉害的同学，能跳过几乎和自己身高差不多的高度。皮筋是女生更喜欢玩，有的时候，男生也会来掺和一下，但大多数时候是女生。"

"（F-HTY-1）还有一种游戏叫蹦格，这个是上小学的时候经常玩的。特别简单，在地上画出一个长方形，长方形中间切出若干个长条，长条的宽度大概是一个脚掌长度那么宽。游戏也是分两拨，一方在长方形的一边，大家轮流跳格，看最远能跳几格。蹦格有点像立定跳远，考验人下肢爆发力，一般腿长的、跳跃能力强的同学玩会特别受欢迎。最后比的是哪一组最先蹦到对方的格子里，还有你要跳过去的时候，你还要越过挡住你的对手，它虽然没有身体直接的冲撞，但是他会给你造成障碍，就是你要往第几格跳，对方可能会挡住你，你要是越过他们再跳，难度是很大的，所以其实也是挺有意思的一个游戏。但是这个游戏现在可能也很少会见到了，跳方格这种游戏现在还有，但是都是低龄的孩子在玩的，大一点的孩子你基本上也见不到他们玩这些游戏了。"

"（F-HTY-1）现在这些游戏可能都绝迹了。像打沙包，有时候能看到院里的小孩玩，但他们打得都很简单，就是我们当时最简单的那种横线沙包，两三五个人玩还可以，人多了它的趣味性、对抗性就下降了，所以人多了就要开始玩方块或者是跑圈。但是我没有见过现在的孩子玩更复杂的沙包游戏，当然这个也可能和现在的硬化路面有关。无论是在空地小区、公园或者在学校里，再也找不到一块松软的沙土场地，画不了场地，就玩不了这个游戏，这个跟场地有一定的关系。还有一个原因，现在很多的小学都是楼房了，特别是年级越高，楼层越高，课间基本上没有时间下楼去操场做这些游戏。可能下来一趟再上去，十分钟就过去了，根本没有什么时间玩。放学回家又是在做功课，而且现在孩子们能选择的娱乐项目太多，很多孩子抱着手机玩游戏、看电视，还有一些体感游戏，有声光电的设备，对孩子来说吸引他们的游戏项目太多了，所以那些我们以前常玩的游戏就少了。"

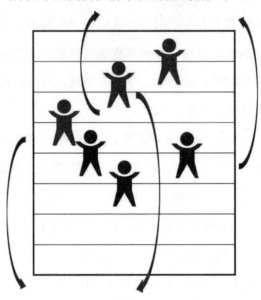

图 5-3　跳方格游戏场地示意图

21 世纪以来，呼和浩特市中小学课余体育活动蓬勃开展，每天早晨安排20 分钟的早锻炼活动已形成习惯，学校平时举行各班组之间的单项对抗赛，每年春季和秋季召开两次运动会，使学生从小接受系统的体育锻炼，掌握体育的基本技能，增强身体素质。学校还通过运动比赛检阅学生体育工作的成绩，推动学校体育运动发展。

第三节　学校体育场地

体育场地就是提供给大众用来参加日常体育锻炼活动或举办大小体育比赛的场所。学校体育场地是指以学校为特定范围、以学生为参与主体、以提高学生身体素质为目的而修建的各种运动场所。学校体育场地的开放是指一些学校内部的体育场馆和体育设施除日常对本学校学生开放外，还在一定时间面向社会大众开放、供大众参与体育锻炼活动，场馆的使用或有偿或无偿。

中华人民共和国成立初期，呼和浩特市学校体育场馆寥寥无几，场地器材更是简陋落后，学校里连块像样的硬地都没有，学生只能在土场地上参加体育课和课外体育活动，日常跑步和做操后大家都是灰头土脸的。

对于中华人民共和国成立初期呼和浩特市学校体育场地实际情况，侯老师和朝伦老师这样回忆：

"（A-HBS-1）学校体育场地都是煤渣和土场地，我们过去打沙包，沙包里面都是包着绿豆和小米，课余时间在地上画好跳皮筋的场地，下课了就立马跑过来玩。现在学校操场都硬化、塑胶了，也不能用粉笔往地上乱写乱画，这也是导致这些体育活动慢慢消失的原因吧。时代在进步，科技在发展，场地也在不断完善，改成硬场地也有很多好处，训练技术水平更高了，也更加卫生和干净了。"

"（E-CLBTE-1）当时师大打排球和篮球的地方就是一个小体育馆，是1954年建的，体育馆在现在图书馆的北边，当时就已经是木地板了，排球和篮球共用一个场地，排球架子是可以移动的，两边是固定的篮球架。1957年，呼和浩特市发了一次大水，体育馆里面灌进了一人高的水，木地板都坏了，第二年又重新修了一下。小体育馆旁边是体育场，以前那个场地是给体育学院上课用的，当时都在那里上田径课和足球课，现在给公体上课用了。那时候中间场地都是土，跑道是炉渣灰的，当时学校里学生不多，场地条件不太好，但是场地是够用的。学生都自觉早起跑步，很刻苦地练习专业技能，体育毕业生技术都过硬。

二十世纪六七十年代，师大游泳池是对外开放的，到游泳池游泳的群众特别多，呼和浩特市只有师大里有游泳池，是买票进去的，票不贵，两毛钱一张，分上午、下午场，一般是上午十点到下午两点，两毛钱能游两个小时。游泳池里头都挤满了，有时候有一两千人根本进不去。当时还没有跳台，只有一个池子，深的地方二米多高，浅的地方一米五左右，没有现在这么规范，也不太安全。游泳池里有师大体育系安排的两三个值班的体育老师。当时也没有专门游泳的装备，大家就穿个短裤进去游。20世纪80年代后，呼和浩特市才慢慢有了几个公共游泳池，穿泳衣泳裤游泳在当时也是比较时髦的事情。"

对于改革开放后呼和浩特市学校体育场地实际情况，赵老师、苏老师和韩老师这样回忆：

"（B-ZX-1）那时候我和同学们都成群结队去滑冰、游泳。现在冰场少了，很多中学现在都没有冰场了。以前冬天学校会组织上冰课，现在已经没有冰课了。现在的免费冰场除了公园里的，就是农大和师大的冰场了，平时来滑冰的人还很多。

那时候，四面八方来的小朋友经常翻墙进六中踢球，那个墙还挺高的。刮风、下雨、下雪都阻挡不了我们踢球。寒暑假也不间歇，经常踢到饿得头发晕，放假的时候家里也没人管，都跑出去自己玩去了。现在孩子不独立了，七八岁了也不敢一个人出去玩，家长也不放心。当时呼和浩特市踢球的场地不多，基本就是学校里才有，公开的球场就是大马路体育场旁边的土场地。现在学校的场地器材多了，但是利用率低了，孩子们的身体素质也不如那时候了。"

"（D-SJ-1）在我小时候，呼和浩特市的中小学就已经开始普及滑冰了。

当时我在二中读书，冬天也泼过冰场，附中也都有冰场。体育老师们冰球都打得不错。那个年代的冬天滑冰的多，滑雪的还是少数。因为没有设备条件。"

"（F-HTY-1）当时小学里的操场上有一些器械，我们上课的时候没用过，都是课间的时候在器械上玩，有肋木，有双杠，有高的双杠，还有矮的双杠。高年级的同学就在高杠上，低年级一般就用矮杠，当时最喜欢玩的一种游戏叫摸杠，很多同学就是坐在矮的双杠上，双手一撑就上去了。上去之后坐在杠的一边，手扶住另一边，然后大家剪刀石头布，输的同学不能上杠，手要扶着我们扶的杠子的一边，从一头跑到另一头，同时手要摸着杠。在他出发的时候，大家的手都必须摸住杠，在他出发开始跑的时候，大家的手就要拿起来，谁如果被他碰到手，那这个人就输了，就得下来替换他的位置。

这个游戏在摸前面杠的时候没什么难度，但是摸后面杠的时候就有难度了。因为大家都坐在那根杠上，他转过去之后要绕着双杠一周，摸后面杠的时候，需要我们双手撑起前面的杠，全身都要支撑起来，这个时候难度就很大了，有的人没撑住被他摸到了屁股或者掉下来了，这种就算输了。

当时这种游戏在我们小学特别流行，还有一种游戏叫比杠，就是两个同学，一个人守在双杠的一头，听旁边人的指令，同时开始往逆时针或者是顺时针的方向撑起杠子，之后，腿往同一个方向翻，翻过去再落下来，最后跑到另一头互相追逐，谁要是追上了另一个人，被追上的人就输了。

这两个游戏看起来好像没有什么出奇的，但是其实还是蛮考验人的力量、耐力，还有灵敏素质的。

现在成年了再玩双杠，想撑上去都不容易，有一天和我妹妹两个人模仿着做了一下这个动作，搞得气喘吁吁，实际上这些游戏还是挺能锻炼人的身体素质的，当时特别流行这些项目，虽然这些器械我们上体育课的时候没用过，但是在校园里面有这些器械，它就说明可能曾经在70年代甚至60年代的小学里用过。

除了肋木、双杠，当时我们学校还有一种大型的综合器械，叫联合器械组，是一个很高很粗的铁架子，上面有铸铁的爬杆，杆的一头是用铁环拴住的，可以活动，还有爬绳，有铁链子连成的软梯，还有大秋千，这些联合器械大部分孩子都玩不了，因为难度很大，像爬杆、爬绳、软梯这些我们基本上都上不去。

我记得在我们上五六年级的时候，这些联合器械就被撤掉了。因为一方面是我们基本上用不到，另外一方面是容易有安全隐患，我上小学的时候，班里就有两个男生拿已经断了的软梯甩来甩去，结果就把其中一个男生的头打成了脑震荡。因为有安全隐患，在学校里利用率也低，所以就被拆掉了。

现在连大学里也没有这些联合器械了，但是至少是在六七十年代，甚至可能五六十年代，那个时候上体育课会用到的。我们小时候的课本里有时候会画一些插图，我记得当时就看到过小学生爬杆的插图，应该是那个年代的中小学生上体育课或者运动会时可能会学到的技能，也说明以前的体育课应该在强度、难度上比我们上小学的时候还要大一些的。"

随着呼和浩特市经济的不断发展，国家对于学校体育教育的密切关注，学校场地设施不断更迭。如今，呼和浩特市大部分中小学都已经配置了标准的塑胶体育场地，可以基本满足学生日常体育课和课外体育活动需求。有的学校还为学生配备了乒乓球场、篮球场和羽毛球场等场地，建立学校文体活动中心，以满足学校日常体育竞赛和体育活动的组织开展。呼和浩特市各高等院校体育场地完善，体育配套设施齐全，可满足大学生体育锻炼的多样化需求，学校体育氛围浓厚，在平日是免费对大众开放，有效提高了场地利用效率。

"（F-HTY-1）师大的游泳池是1965年修建的，北边是浅水区，南边是深水区。我们以前上大学的时候，每年夏天都要上游泳课，大一和大二的时候属于必修课，课程每年大概从6月1号开始，持续4周，到了大三，游泳课就改成选修课了。

我当时选修了两年的游泳课，那个时候，游泳馆还是向公共体育开放的。

现在，清华大学、云南财大等很多学校都在说学生必须要上游泳课，游泳及格才能毕业，人们觉得这是一种创举。其实在我们上大学的时候（我是1998年入学），游泳课就已经面向公共体育的学生很多年了，我不知道是从什么时候开始的，但至少在我上大学的1998年到2002年这4年里，学校的游泳都属于公共体育课，有公共必修和公共选修课，所有的学生从6月1号开始上游泳课，课程内容是欧式游泳，不管你会不会游都得下水。

内蒙古农业大学后来也有了游泳池，内蒙古农业大学的游泳池是所有高校里最好最规范的，它有浅水池和深水池两个池子，深水池需要考证才能进。大约在1997年或者1998年，内蒙古工业大学也有了游泳池，大约是在2002年前后修建的。内蒙古工业大学和内蒙古大学没有体育专业，他们的游泳池是向公共体育的学生开放的。"

除了游泳池，网球场也是呼市各大高校配置比较完善的体育场地。

"（F-HTY-1）在我的印象里，当时呼市所有的高校里，比如内蒙古大学、内蒙古农业大学、内蒙古师范大学、内蒙古医科大学、内蒙古工业大学都是有网球场的，就像林学院——现在是内蒙古农业大学的东区，也有一块网球场。当时人们主要就是在内蒙古师范大学和内蒙古农业大学打球，我上初中的时候经常去内蒙古农业大学打球，那个时候球场不收费，也没有专门管理场地的机构。

大概在初二的暑假，我经常拿着我爸打剩下的一个旧拍子，和一个关系很要好的初中同学一起骑自行车去内蒙古农业大学的网球场。那个时候，呼市所有的球场基本上都是沙土场，土场看起来似乎造价比较低，但是它后期的维护需要洒水、垫沙子，也是一笔不小的花费。这些网球场一般都是由网球爱好者自己维护的，场地里面有农大的老师，他们自己有球场的钥匙，所以去场地打球很方便，他们开门进去以后，只要还有场地空着，其他人也经常进去打，一般也没有人管，大部分时候场地都是满的，或者关着门。当时内蒙古农业大学有一堵专门的练习墙，在草原研究所的后面，没有门，也没有围栏，什么时候去都可以打。我们骑自行车去那儿，车往旁边一停就可以打墙，非常方便。

内蒙古师范大学也有网球场，刚开始的时候师大有两块土场，就在现在排球场的旁边，土场平时是锁着的，外面有一块开放的练习墙，我们经常去墙头练球，那里跟农大一样，是开放的，没有门和锁，也没人管，随时去都可以打。

这两个地方是我们经常去打球的，当时大家打球也没有教练，都是看着电视转播里面的网球比赛的动作，然后自己模仿。我记得当时中央电视台出过一套网球教学视频，我们就照着网球教学的视频，每天跟着电视学，学完了再去实践，没有人教。"

"（F-HTY-1）我上大学以后就常去内蒙古师范大学的网球场，在内蒙古师范大学校园的西南角，门球场的旁边，游泳池的对面。当时学校的网球场对外经营，有很多非内蒙古师范大学的职工经常去，球场收费也很便宜。我们在大学里召集了一些喜欢打球的同学，组建了内蒙古师范大学最早的网球社团，我也是内蒙古师范大学网球协会最早的创始人、会长。那时候网球场是体育学院来负责管理的，可以办年卡，一年50块钱，现在看起来很便宜，但当时我们都是学生，经济上比较拮据，于是我就跟负责网球场的张京平老师协商，最后的协商结果是网球协会的会员可以花20块钱办年卡，办了卡就可以无限次去打网球了，这个应该说是很大的一个优惠。

后来我们上大三的时候，体育学院的殷俊海老师组建了一个网球队，我们当时在网球场训练，暑假的时候有队员要去参加比赛，在网球场进行集训，我和另外一个女生也就跟着一起打球，当时每天早晨7点到9点早训一次，再从下午2点练到5点，打完球以后我们到对面的游泳池去放松，一天下来特别舒服。"

到2022年，呼和浩特市各级各类学校共807所，其中小学190所，中学119所，在读学生约45万人。在新时代国家青少年学校体育政策指导下，学校开设的体育课程多样，并坚持每天组织学生做眼保健操。呼和浩特市市区共 12 所高校，注册大学生 20 多万人。其中内蒙古大学（本部）、内蒙古师范大学（本部）、内蒙古农业大学三所高校位于大学西路和昭乌达路方圆三公里范围内，以这三所学校为中心形成了学校体育文化圈。

第六章 呼和浩特群众体育文化变迁

中华人民共和国成立以前，呼和浩特市地区没有官方的体育组织机构。当时的体育设施只有一个四百米跑道的简易体育场。群众性体育活动得不到当局的重视和支持，虽有一小部分爱好者提倡，但最终由于现实条件的限制仍难以发展。

呼和浩特市当代群众体育是伴随着学校体育开展起来的，中华人民共和国成立后，党和政府非常关心体育事业的发展，于 1953 年成立归绥市（现呼和浩特市）体育运动委员会，自此开始建立起专门的体育机构来指导呼和浩特市群众体育工作。

第一节 中华人民共和国成立初期的呼和浩特群众体育

1951 年 11 月，中华全国体育总会和中央广播事业局联合发出推行广播体操活动的倡议，呼和浩特市各机关、学校、工厂、企事业单位普遍开展了这项活动。1954 年，第二套广播体操发布后，呼和浩特市体委、工会、团委、妇联、教育局等单位，转发了中央各单位的联合通知，并举办了重点单位领操员培训班，共培训 52 人，为基层单位开展广播体操活动培养了骨干。

表 6-1　全市参加广播体操情况

时间	名称	参加人数（万人）	市区人口（万人）	占百分比
1954 年	第一套广播体操	3	13	23%
1958 年	第二套广播体操	10	20	50%
1963 年	第三套广播体操	14	29	48%
1973 年	第四套广播体操	12	39	37%
1981 年	第五套广播体操	17	47	36%

20 世纪 50 年代，呼和浩特市群众体育活动开始广泛开展起来。跑步，做广播操，球类运动等都是人们乐于参加的体育活动。50 年代末，群众体育和民间体育活动出现了声势大、发展快、面对人群广、内容丰富的局面。到了 60 年代初，参加体育活动的人数一度达二三十万人。

在这一阶段，篮球运动是呼和浩特市群众最为喜爱、开展得最为广泛的体育运动项目。除了体委专设的篮球场，各机关、学校、单位内一般都设有篮球场地，供单位职工、学校学生进行体育训练，还经常与外来球队进行友谊比赛，互相切磋球技，相互进步，联络感情。各市、区每年都举行职工篮球赛，各单位组队参加比赛。虽然此时呼和浩特市的体育运动开展得如火如荼，但其实际的影响情况还远落后于群众的需要，群众体育活动素养并未能得到显著提升，这一方面是由于群众以前的体育运动基础较薄弱，更为重要的是因为人们还没有意识到体育运动的重要意义。有些人认为"体育就是可有可无的东西"，有的厂矿领导干部害怕"搞体育会降低生产质量，耽误工作进度"。这些看法显然是不正确的，对人民体育运动的任何不正确的认识，都必然会妨碍体育运动的顺利开展。随着经济社会的不断改善，工人们迫切要求进行适当的文化娱乐活动。

对于中华人民共和国成立初呼和浩特市群众体育文化发展情况，侯老师这样回忆：

"（A-HBS-1）关于呼和浩特市地区政府机关和厂矿中开展的群众体育活动情况，当时主要以早操和工间操为主要活动，在机关内普遍开展，在厂矿内重点试行。呼和浩特市的机关广播体操虽然在很大范围内开展，但由于宣传工作不到位，并没有系统详细地说明做操对锻炼身体的科学道理，也并没有注意到和专门去收集早操工间操活动开展后对职工增强体质和提高工作效率的作用和效果。因此，虽然在国家号召下，呼和浩特市不少机关开展了早操和工间操活动，但往往因为天冷天热或是突击工作等又不了了之。同时，很多同志在做操时不认真，身体姿势也不正确，这样就很难真正感受到做操对身体的实际效果。

那个时期，有些同志对看篮球比赛很感兴趣，但凡有球赛举行，总是场场光临，半分不误，但很可惜的是，当有人邀请他下场试试的时候，他就会退避三舍，嘴里连说"我就是爱看不爱打"这类话，像这种对体育运动抱着看热闹态度的同志，在那时候还是有很多的，这说明我们当时的体育宣传工作做得还不够好，仍须大大加强。

在我记忆中，大家游泳的地点最早是在20世纪50年代苏联修建的省政府礼堂里。因为冬天要烧暖气，礼堂旁边有一个大的水塔，下面是循环水池，水池和现在的游泳池差不多大，是一个椭圆形、类似于跑道的池子，长六十米，宽四十米。为节约成本，用过之后的循环水会存在这个凉水池里。到了夏天，附近人们就在那里游泳，冬天则在那里滑冰。这个游泳池在夏天自然形成，水池里都是暖气的冷却水，也无人监管，群众游泳都是免费的，天气热的时候大家就进去游一会，不会游的也泡在里头玩，当时没有专门教游泳的，都是自己慢慢练会的。"

第二节　60—70年代的呼和浩特群众体育

1961年，第二十六届世界乒乓球锦标赛在我国举行，我国运动员在比赛中取得了优异的成绩，这一事件就像一阵春风吹遍了我国的乒乓球坛，促使中国群众性的乒乓球运动更加活跃起来。每逢节假日或业余时间，手持球拍相约"打球去！"的人越来越多了。在这一时期，乒乓球运动的活跃程度，在球类运动中仅次于篮球。

自20世纪70年代以来，乒乓球活动逐步在群众中兴起并逐渐形成高潮。不少单位和学校都购置了乒乓球活动设施，供职工进行日常活动。乒乓球运动之所以能受到这么多人的喜欢，很大程度上是因为这项运动能较为全面的锻炼身体，对身体各机能都有良好的影响。在进行一般乒乓球活动或练习时，可以根据自己的实际情况来制定运动计划，无论男女老少还是身体强弱，都适合打乒乓球。

对于70年代呼和浩特市群众体育文化发展情况，刘老师这样回忆：

"（C-LJY-1）70年代我在印刷厂上班，那时候职工每到饭后和自由活动的时候，就在院内操场上进行各种体育活动。在篮排球场的周围，经常挤满了运动员和观众，一场又一场地进行篮球、排球比赛。在操场的另一边，还有跳绳的，练杠子的，推铅球的，掷手榴弹的，有举重的、跳高的、跳远的，等等。总之，哪样活动都有，十分热闹。但是在过去，厂里对体育活动的重视度不够，没有组织和发动工人参加体育活动，高兴玩的就玩儿，不愿意玩的就拉倒，因此大部分工人都不参加体育活动。有的人喜欢看别人打球，自己却不爱打，认为太累。有的人认为自己就是个工人，只需要认真劳动，参加体育活动没有多大用处，甚至有些人连操场都不去，所以那时候只有少数人到球场上去打篮球，大部分工友吃完饭后，就回到宿舍扯闲。由于很少参加体育活动，有很多职工因消化不良而得了胃病，约占全厂总人数的百分之十五左右，得神经衰弱病、肺病的也不在少数。当天气有点变化的时候，感冒的也有不少人，因而那时候经常有不少人缺勤，进而影响到生产进度。20世纪60年代开始，工会动员和组织全厂职工广泛开展体育活动，指出场内部分职工患胃病和肺病的原因主要是缺少运动，同时还批判了厂内部分工人认为不必参加体育活动的错误思想，指出了体育运动与身体健康的密切关系。在这一系列操作后，厂内的体育活动开始逐步活跃起来，在这期间，工会也经常用爱好体育身体强的具体事例来教育大家，职工对体育的重要性有了进一步认识，参加体育活动的人越来越多了，工厂内经常组织小型比赛，鼓励大家参与，努力使职工体育活动普遍化。

后来我被调到了塑料厂上班，那时候大家每天只顾着上班，下了班就回家了，根本没时间锻炼,最多就是休息.到了星期天自己带着孩子来公园跑一跑，当时厂子里并没有组织像样的体育活动。那时有硬性生产指标要完成，根本没时间去活动，平时也就是组织组织拔河比赛，这在现在也比较少见了。当时都是在机关领导们过周末的时候搞一次拔河比赛，还会发奖品，职工很乐意参与，后来我就退休了。在我的记忆里，呼和浩特市群众体育是普遍开展起来的。改革开放以后，人们都在抓紧时间上班，青年群体对体育的参与度较低。到了80年代，当时的女排五连冠推动了呼和浩特市排球运动的发展，大家看电视比赛时很激动，也很有荣誉感。但现在，据我了解，呼和浩特市的排球运动发展是比较差的。"

第三节　改革开放以后的呼和浩特群众体育

1979 年以后，随着人类生活水平的不断提高，单纯由体育机构组织的活动已经满足不了群众的需要，自发性的体育锻炼空前活跃。每天晨曦初露，马路上就有成百上千的人在跑步，各个公园、广场、树林及空旷之地，都成为了体育锻炼的场所。上班前五分钟，各机关企业广播体操的乐曲声响成一片，工间操得到普遍恢复。体育运动的开展，初步改善了人民健康情况，对提高工作、劳动和学习效率起到了积极作用，并且培养了青年一代勇敢、坚毅、有组织、有纪律和集体主义精神等优良品质。此时，群众性羽毛球和足球活动也逐渐开展起来，条件成熟的单位还成立了足球队，开展队与队之间的邀请赛。各机关、企事业单位、团体、俱乐部、社区之间经常举行球类、田径比赛。除此之外，呼和浩特市各区每年还举办各式各样的运动会。

对于改革开放后呼和浩特市群众体育文化发展情况，赵老师和苏老师这样回忆：

"（B-ZX-1）七八十年代那时候，呼和浩特市毛纺厂、糕点厂等各种国营厂内部的体育运动开展得都特别好。内蒙古第一支女足就是毛纺厂赞助的，当时是脱产，踢得好的就作为正式员工每天备赛，运动员工资比一般车间工人还要高。女足队员都是从当时练习田径的体育生里挑选出来的，可以参加集训，备战全运会，当时姑娘们都挺乐意参加足球集训，也肯吃苦。

20 世纪 90 年代的时候，家里还是黑白电视，1994 年世界杯比赛的时候，到了晚上，好朋友都聚到我们家看球赛。那时候交谊舞也很火，星期天大院里满满的人，全都是来跳交谊舞的，就相当于现在的广场舞。当时大家家里没大有空余的地方，但单位里有很大空地，所以就都在单位跳。当时打乒乓球、羽毛球，更多的就是拿上拍子，几个人找个空地就开始打了，并没有专业的运动场地。

如今呼和浩特市踢足球的也有五六十岁的人，但是数量少，比起北京、天津那些地方就更少了，岁数大的都喜欢去打网球、乒乓球和门球这些。现在呼和浩特市足球踢得好的，其实还是我们当初那拨人。呼和浩特市的踢球氛围也跟国内外足球赛事有关系，那时候我们喜欢的球星还是挺多的，现在的孩子们喜欢的大多数都是梅西和 C 罗了，踢球的技术动作也多少受到影响。"

"（D-SJ-1）那时候没有几个人是专业去学过游泳的，但是当时的人们不管是游泳还是跳水技术水平真的都比现在的人要强很多。当时有体育环境的氛围，一到夏天，大家就去游泳池避暑，进行游泳锻炼，已经形成一种习惯模式了。当时的冰场、游泳池（现在香格里拉就是过去呼和浩特市的游泳池）有浅水、深水、跳水三个池子。都是标准泳池，最大的就是浅水池。呼和浩特市地区的孩子们夏天的主要娱乐活动就是游泳，那会儿售票口每天都堆满了人。游泳池的更衣室设备很简陋，卫生条件也和现在根本没法比，但是那会儿印象挺深刻的，小的时候参加体育锻炼，滑冰和游泳运动都开展得不错。滑冰场地大多是在大马路体育场里的冰场、公园的冰场。现在的冰场、游泳池这些地方费用在降低，大多数都是免费的。当时我们都关注女排五连冠，大家也都喜欢打排球，有一种荣誉感。现在咱们国家的男排和女排开展得也都不错。

现在游泳场馆更多了，大部分都是室内场馆，也有专业的培训人员。经过系统学习后，大部分孩子都能学会游泳。我们那个时代有场地没人教，都是自己玩，慢慢水性好了，就学会游泳了。现在可能是因为场馆分散了，呼和浩特市的游泳氛围不像过去那样火爆了。现在呼和浩特市各区新开了很多室内的游泳馆，我们这种经常游泳的都有自己的微信群，在群里相约去游泳馆游泳。因为室内游泳馆数量多了，营销手段也不一样，所以把游泳的人群都分流了。现在人们基本上都是因为工作或距离因素而就近选择场馆。各大游泳场馆开设的时间也不一样，大家也都是自己抽空闲时间去游。

我上初中的时候，台球盛行过一段时间，那时候台球对于老百姓来说是很奢侈的，打一把要五毛钱，那个时候，五毛钱还是比较贵的，要是打一下午就是不小的开支了。而且那时候，台球室为了能多挣钱，把洞口改得都非常大，这样就更容易进球，打的盘数也就多了，商家能获得更多利润。现在的台球洞口倒是比以前小了，在那个年代，打台球就是一个潮流，一个流行的体育项目。"

1982 年，呼和浩特市体委开始在群众中推广广播操，每天早晨上班前，由广播站播放广播操唱片，呼和浩特市各政府机关及区属单位自觉组织职工做操，居民或闲散群众在街巷或公园里自行做操。呼和浩特市各机关、工厂开始开展早操工间操活动，并因地制宜开展了乒乓球、羽毛球、棋类等活动。

1984 年 4 月，中华全国体育总会呼和浩特市分会成立，所属单项协会有：足球、田径、体操、乒乓球、网球、信鸽、羽毛球、桥牌、棋牌、举重、武术、射击、气功、老年人体育协会。在普及与提高方针的指导下，呼和浩特市群众性体育活动、群众性体育活动锻炼不断发展，参加慢跑、长跑的群众越来越多。人们常在早晨、饭后、夜静时出来散步，借此来消食、健体、磨砺意志。民众体育运动技术水平有了很大的提高，单纯由各体育机构组织的区域活动逐渐无法满足群众日常体育参与的需要，全民健身运动和自发性的体育锻炼空前活跃。

呼和浩特并不是一座以水系闻名的城市，但游泳仍颇具群众基础，是呼市市民非常喜闻乐见的一项运动。关于游泳，韩老师有专门的回忆：

"（F-HTY-1）大概是在 1988 年或者 89 年，那个时候我父母就送我们去参加过滑冰和游泳的培训班。培训班当时在呼和浩特游泳池，也就是现在香格里拉酒店的位置，当时游泳池里有三个池子，分别是浅水池、深水池和跳水池。我和我妹妹一开始是在浅水池学游泳，当时呼市游泳队的教练开了三个培训班，一个是段教练开的一个班，还有一个杨教练开的班，另外还有一个现在呼市游泳培训界比较出名的兄妹游泳俱乐部的创始人武侠兄妹，他们两个也开了一个班，我记得当时游泳池里同时有三个班的学生，我们跟的是段驰教练。那个时候学游泳很便宜，一个暑假班也就 10 块钱。我学会游泳以后，在第二年考了深水证，到了第三年又考了跳水证，从那以后就一直是去跳水池游了。

浅水池的面积最大，水深大概 0.9 米到 1.1 米，接近一个正方形。中间的是深水池，如果没记错的话，面积应该是长 50 米，宽 30 米，水深较浅的地方是 1.2 米，深的地方大概是 1.9 米，进深水池需要考深水证。我当年在浅水池学会了游泳之后，在第二年去深水池考了深水证，当时的考试要求是横渡 30 米宽，连续游一个半来回，90 米，游的过程中不能踩底，也不能触边，这样连续游 90 米，成功之后，就可以获得深水证。

那个时候，跳水池是一个标准的 25 米宽、50 米长的一个游泳池。跳水池还挺标准，在东边有出发台，在西边是跳台，有一个 3 米板和一个 5 米台。进跳水池也是需要考证的。跳水池证的考试比较严格，需要连续游 200 米，当时我们考试的时候，一般游泳池只有下午开放，上午不开放，你要考深水和跳水证的话需要上午去考，考试时要在跳水池往返游两次，一共 200 米。那个时候考深水和跳水证，其实已经是属于比较宽松的考试了。据说我母亲那个年代，考跳水池难度更大，除了要往返游 200 米之外，还要潜泳 10 米，加上连续一分钟踩水。

那时候的游泳池审核比较严格，每年都是需要体检的。当时体检并不是说像现在那么复杂、全面，那个时候的体检项目比较简单，主要看有没有皮肤病，听一下心脏和肺，看看有没有牛皮癣，有没有沙眼这些传染病。体检的原因主要是怕有传染病的人下水把病传染给其他游泳的人。

游泳除了要买票，还要办一个游泳证，游泳证四年一换，正面要贴上自己的照片，写上年龄、性别、单位这些基本信息，背面就是盖体检的章，每年在相应年份的位置盖章。凭体检章和游泳证才能进游泳池。"

以前，呼和浩特市老年体育活动长期处于自发、分散的状态，有组织性的体育活动相对较少。1985年，玉泉区老年人体育协会成立，辟有老年活动室两间，以增进老年人身体健康、传播体育知识、带动体育氛围为目标，本着"安全第一、健康第一、友谊第一"的原则，开展象棋、乒乓球、中长跑等活动，从已退居二线的老干部和科技人员入手组织活动，逐渐吸引了更多的老年人参加体育锻炼及书画等文娱活动。

"（F-HTY-1）除了游泳、滑冰，平时我自己还喜欢打网球，网球在呼市或者说在内蒙古发展不错，是比较特殊的一个运动项目。因为网球运动的装备比较昂贵，网球场的收费也比较高，所以网球被称为贵族运动。网球运动的发展与当地经济基础是有关系的，一般来说，网球运动在一些中心城市或者是发达地区发展得比较好，有较广泛的群众基础。

作为边疆民族地区，内蒙古的经济不够发达，人们的收入水平跟全国相比偏低，体育场馆的数量和规模与发达城市也不可同日而语。但是，网球运动在内蒙古很普及，特别是在中老年人群中，这项运动在呼和浩特的普及和经济基础关系并不大。这个也可能是因为当年自治区的领导中有人喜欢网球运动，所以就带着周围各个党政机关事业单位一起开展网球运动，很多小区也建了网球场。网球这项运动在呼市，乃至整个内蒙古其他盟市比如包头、阿拉善或者是赤峰也很受欢迎。

我是20世纪90年代上初中的时候开始打网球的，那时候，我爷爷退休了，他是公安厅的老干部，退休以后就和一些退休的老干部在公安厅网球场一起打球。后来在爷爷带动下，我三叔和我父亲也开始打网球，他们经常在医学院和公安厅的网球场打球，有时候也去内蒙古师范大学和内蒙古农业大学的网球场，另外还有大家去的比较多的大马路体育场旁边网球场，但是后来因为修建香格里拉酒店，球场被拆掉了。"

"（F-HTY-1）那个时候，除了大学里，很多小区，甚至是一些老旧小区也都有网球场。在我印象里，比如说四千米巷那边的居民区和公园都建有球场，因为当时打球的人非常多，但主要都是业余爱好者，网球的竞技水平并不高，真正能够从事专业网球训练的寥寥无几。

当时电力中学请了呼市的几个网球打得特别好、在业余大师赛取得过全国前几名的几个队员来做专职教练，像武海滨、安志强、杜鹃，这些都是在呼市业余网球界名头很响的人。武海滨的一个网球学校和电力中学合作，把网球训练带到电力中学。当时我有一个同学的弟弟在电力中学上学，靠网球的特长考上了浙江大学，后来他代表浙江大学又参加全国的业余大师联赛，拿过业余大师赛的冠军，这应该算是内蒙古网球界最高的水平了。

当时我们的网球运动主要还是处于群众普及的层面，现在有一种人叫'装备党'，就是自己的水平不一定要多好，但是装备一定要专业。我们当时打球的时候，有很多退休的大爷就拿一个布兜子，像我爷爷的网球拍，就是我奶奶给他缝的一个布兜子，用来装水杯、水壶。现在我们的装备有专门的网球拍、网球包和运动水壶，有专门的球夹、网球鞋、网球服装和帽子，还有运动眼镜。当时那些大爷们打球，就是骑自行车，然后拎着一个布袋子，布袋子很多都是自己老伴给缝的，长得有点像现在那种帆布袋，里面装着一个球拍，然后里面放几桶球，水杯一般就是那种罐头玻璃罐，外面再套一个自己老伴用毛线织的杯套，一般装备都特别的简陋。他们平时都骑自行车，把布袋子往车把上一挂，就骑着自行车去打球了，你别看装备平平无奇，但是他们打起球来都还是蛮厉害的。我们上大学的时候组织过老年人的一些业余网球赛事，给他们当过裁判，确实人家的水平还是很高的。"

2004 年，呼和浩特市体育局认真贯彻实施《全民健身计划纲要》，按照"月月有活动、年年有赛事"的工作思路，本着"以体为本，面向大众，培育市场，引导消费"的原则，群众体育工作整体推进。突出抓基础、抓基层的工作重点，结合开展"体育三下乡"活动，增添全民健身路径和组织社区篮球、呼和浩特市中老年太极拳（剑）等赛事，在组织、经费、场地等方面做了大量基础性工作，基层体育工作成效显著。

2006 年，除了有组织地进行老年体育、妇女和幼儿体育、伤残人体育等活动，又掀起了群众性的练气功高潮。此外，工厂、机关、社区等各单位之间经常举行各种球类、田径比赛。这些活动的开展，使呼和浩特市地区的群众性体育活动呈现出"百尺竿头更进一步"的局面。2007 年是呼和浩特市健身气功管理工作和活动发展较快的一年，在这一年增建了 10 个健身气功站点。

2015 年，呼和浩特市启动了"互联网+全民健身"基础数据库筹建工作，开展"健康快车进社区"活动，按照群众体育生活化的目标，提高基层全民健身工作水平，打造标准化的"全民健身指导站"。2016 年的"健康快车进社区"活动实现了社区体育器械、体育宣传、健身指导、健身项目四个方面工作的全面开展，即每个社区配备一条健身路径、一个电子宣传栏、至少一名社会体育指导员建立至少一支社区健身队伍。

"（B-ZX-1）21 世纪初，呼和浩特市没有专职的体育编辑，都是兼职的。那时候电脑还不普遍，我回呼和浩特市从事体育自媒体行业，在网络上搭建了一个呼和浩特市本地的体育网站，当时实际效果并不理想，大家还不知道什么叫论坛，再加上维系一个服务器消耗的人力、财力太大，政府也没有相关支持政策，后来论坛也就关闭了。当时内蒙古整个自治区的互联网水平都很落后，大家甚至连 QQ 群都不太清楚。2007 年到 2011 年的五年时间，我都是自由职业，主要干一些画漫画、做视频、写体育文章、报道体育新闻之类的工作，当时呼和浩特市本地没有这个产业需求，我全是给全国各地其他地方的报纸和媒体供稿。"

为全面落实全民健身国家战略，进一步普及呼和浩特市全民健身运动，2021 年，市体育局全面组织开展贴近生活、参与度高、丰富多彩的全民健身活动 1000 余项，体育锻炼人数显著增加，经常参加体育锻炼的人数比例达到42%。并逐步建成呼和浩特市"一线两带"格局的体育场地配置。

人是建设社会主义最宝贵的资本，健康的身体和坚强的意志是建设社会主义的重要保证，开展群众性的体育活动则是增强人民体质的重要方法。如今，在呼和浩特市，不论是公园、广场、社区、绿地，还是健身房、体育场等地，都成为群众体育活动的重要场所。每天早晨和傍晚，都可以看到成群结队健身的群众，他们不仅在体育活动中得到了健康，也收获了快乐。

近年来，呼和浩特市通过举办万人登山、万人太极、万人健步走等大型群众性体育活动，营造了积极的社会体育锻炼氛围；通过开展形式多样的社区体育比赛，积极倡导广大市民参与体育活动；不断加大对群众体育活动场地设施建设的投入，修建大型体育场馆、游泳馆，室外冰场、笼式足球场等，免费供市民使用，并逐步建成呼和浩特市"一线两带"格局的体育场地配置。市民体育参与的积极性明显提高，体育锻炼人数显著增加，日常体育活动丰富多彩，市民体育锻炼动机向消遣性和交际性方向发展，群众体育文化发展呈现良好势头。

第七章 呼和浩特竞技体育和体育
赛事文化变迁

体育与人类的生存、发展紧密相连，人类创造出了体育，同时也创造出了体育文化。体育文化一开始就是作为一种竞技运动文化诞生的。正是在人类对体育文化进行了改造后，经济、文化才得以不断的获得创新和发展。

第一节 中华人民共和国成立初期的呼和浩特竞技体育
与体育赛事

在群众性体育活动广泛开展的基础之上，呼和浩特市竞技体育不断发展，本土运动员队伍不断扩大，技术水平不断提高，在历年的全国性比赛中取得辉煌成就。早在1958年的全国马拉松锦标赛中，郑昭信和张云程就创造过世界最高成绩。1985年的全国集体项目比赛中，呼和浩特市冰球队以不败的战绩，荣获国家乙级联赛冠军。体操运动员李翠玲在1980年美国举行的国际体操比赛中技压群雄，一路战胜了九个国家的三十多名运动员，夺得个人体操全能冠军，为中国女子队获得团体赛冠军做出了卓越贡献，被誉为"草原花朵"。柔道运动员高凤莲三次蝉联世界女子柔道锦标赛冠军，成为我国柔道运动史上的第一位世界冠军。呼和浩特市蒙古族学校女子足球队在1992年荣获全国青年女子足球锦标赛冠军，1993年在以色列首都特拉维夫举行的世界中学生女子足球锦标赛中荣获世界冠军。

1953年8月，全国第一届"民运会"华北区体育活动大会在绥远省归绥市（今呼和浩特市）举办。在活动大会上，作为华北区规模最大的体育代表队，绥远省代表队共由52个民族形式体育的选手和58个田径赛等项目运动的选手组成，包括蒙古族选手41人，回族选手11人。在这里既有来自乌、伊两盟大草原上的优秀摔跤手和轻骑手，又有从民间发掘的老武士和已经被埋没多年的民族形式体育的继承者。民族形式体育节目所占比重的显著增加，是本次运动大会的主要特点之一，绚丽多彩的民族形式体育节目给大会增添了新的光辉和氛围。本次大赛的民族形式体育活动内容众多，有拳、腿、刀、枪、单耍、爬杆、皮条等武术节目，还有摔跤、骑马、射箭等竞赛节目。华北区人民体育运动大会的成功举办，给观赛人们留下了十分难忘的印象，使蒙古族健儿们的特长项目受到人们的关注。从他们卓越的比赛成绩和表演中，可以看到蒙古族人民崭新的面貌和日益蓬勃发展的民族形式体育活动。在这之后，蒙古族人民的摔跤、射箭和骑马不只是一项"好男儿"的技巧，而是在日益广泛的发展中成为广大内蒙古自治区人民共有的体育活动。在这次民族形式体育大会上，表演的每项武术和民间体育节目都是丰富又精彩的。经过这次发掘和整理，每一种优秀的民族形式体育，都将进一步得到发扬光大，放射出它们独有的灿烂光辉。

1955年，呼和浩特市第一届中学生田径运动会召开。此后，全市每年召开一次中学生运动会或中等学校学生运动会，每年举行一次中学的校运动会或春秋季各举行一次，小学也根据各自学校的实际场地条件，因地制宜地开展各种竞赛活动，以校为单位举行小型运动会在此后成为传统。

第二节　60—70 年代的呼和浩特竞技体育与体育赛事

进入 60 年代，对于呼和浩特市中学生运动会的开展情况，刘老师和苏老师这样回忆：

"（C-LJY-1）60 年代，我上初中的时候，参加过呼和浩特市运动会，参加的都是中学生。当时我们年级四个班，就我一个人参加了运动会，老师挺看重我的。在旧的体育场（青城公园东），参加的项目是铅球和铁饼，那时候我身体好，投掷得远比别人远一些。但是到正式参加比赛的时候，那些专业运动员还是很厉害的，因此我并没有拿到名次，但我还是非常高兴，因为当时家里经济条件不好，吃窝窝头都吃不饱，去那里比赛时，主办方每天会给运动员发一个大白馒头，那时候的馒头吃起来可甜了。我们家人口特别多，有八个孩子，经常吃不饱饭，我就特别喜欢参加运动会，因为能领白馒头吃。

呼和浩特市的体育比赛还是比较少的，隔几年举行一次。篮球竞技水平不高，全国来看，山东、辽宁、广东、北京包括山西都挺厉害的，我看球赛总看不到咱们蒙古族的比赛。全国运动会上，咱们蒙古族的摔跤、射击、骑马这些还比较拿手。现在其他地方经济发展速度快，外地运动员都不来呼和浩特市比赛了。体育比赛可以搞活本地经济，吸引投资，开发旅游资源。现在呼和浩特市很多人才都外流了。"

"（D-SJ-1）我记忆中的呼和浩特市体育赛事是市中学生运动会，今年十八中参加全市中学生运动会，获得甲组第三名，乙组第六名，这个成绩非常好了。从 1978 年获得全市第二名以来，这是最好的成绩，这和现在学校的运动队伍管理、招生制度都有关系。近几年，像体彩杯、足球赛这些可能多一点，都是呼和浩特市本地自己人举办的。呼和浩特市过去还买过一支球队，叫包钢带钢队，球队主场在呼和浩特市体育场。现在中国的足球成绩不太好，我对足球比赛也慢慢不关注了，以前都看整场球，后来就是看看集锦，再后来就变成直接看战报了。市中学生运动会每年都开展一次，我上学时就开，一直到现在还有。呼和浩特市学校每年都举办运动会，今年由于疫情没有开展。"

在全国人民迎接建国十年大庆的时候，第一届全国运动会赛马、马球竞赛在内蒙古自治区首府——呼和浩特市正式开幕。此次运动会也是新中国成立以来赛马、马球竞赛中规模最大的一次，参加竞赛的十三支代表队分别来自十四个不同民族，共有二百多名优秀运动员。本次竞赛实现了国内多地区兄弟民族的马上健儿大会师，这种盛会在解放前是绝对不可能出现的。此次运动会有力地推动了赛马、马球运动的发展，参加赛马、马球运动的人越来越多，有些地区甚至每年或隔一年就举行一次赛马大会。通过比赛，赛马运动员的技术日益提高。呼和浩特市举办的全国运动会把赛马、马球列为比赛项目，对各地赛马、马球运动的开展起到了极为有力的推动作用。

第三节　改革开放以后的呼和浩特竞技体育与体育赛事

对于改革开放后呼和浩特市足球赛事发展情况，赵曦老师这样回忆：

"（B-ZX-1）个别群众爱好者可能会专程去看国内知名赛事，但是对本土的比赛只是关注一点，几乎不会投入花费。近几年，因为呼和浩特市有足球职业队，所以也慢慢培养了一些球迷，他们愿意去消费，买一些周边、队服、纪念品等，之前几乎是白送都没人要的情况。呼和浩特市大学里也成立过女足，踢比赛时也会有球迷去看，但是女足待遇并不好，大多时候都是自己去比赛场地，甚至是球迷自发接送的。"

2019 年，呼和浩特市举办了国际极限运动职业赛、清水河第二届内蒙古老牛湾超马赛、"健康快车进社区""五个一万工程"（登山、徒步、长跑、自行车、太极）系列体育活动，这些都是精品的本土化和国际化赛事。同年举办的呼和浩特市马拉松暨"健康中国"马拉松系列赛，是呼和浩特市第二次举办马拉松比赛，与第一届相比，在参赛人数、赛事规模、参赛国家等方面都有了较大提升。本次比赛将赛道转移到了被誉为"城中草原"的呼和塔拉，让参赛者在比赛中饱览独具特色的自然草原风光，展示了"绿水青山就是金山银山"的发展理念。近年来，各项体育竞赛在总结经验教训的基础上不断发展进步，呼和浩特市举办和承办了各类体育赛事，在比赛中发扬本土文化的同时，还积极同国内其他各省市交流学习，推动本市体育文化取得了新的成绩。

21 世纪以来，呼和浩特市体委认真落实《中国足球改革发展总体方案》有关要求，结合呼和浩特市足球工作实际，着力完善足球青训体系，完善各年龄段精英足球队伍建设，组建了 U7-U14 个单年龄段男子足球队，认真组织实施"菁英计划"。同时，推进足球赛事开展，扩大呼和浩特市职业足球影响，力争形成不同年龄、不同层面足球群体争相出彩、互促共进、和谐发展的繁荣局面，持续推进全市青少年足球训练体系建设工作。

2019 年 8 月，呼和浩特市蒙古族学校青少年体育俱乐部代表内蒙古参加了中华人民共和国第二届青年运动会，夺得足球项目社会俱乐部组十一人制女子 U14 组，U17—18 组两个冠军，这是内蒙古首次在全国综合性运动会上获得足球项目的冠军，创造了呼和浩特市足球历史上的最好成绩，取得了历史性的突破。

在 2019 年的中甲联赛中，呼和浩特市职业足球队豪取七连胜，一度位于积分榜首位，本赛季最终以 51 总积分圆满结束，为五年来征战中甲联赛的最高积分。同时，本赛季主场观赛总人数规模宏大，达 30 万人，单场最高观赛人数 2 万多人，呼和浩特市职业足球队的地域影响力不断扩大。

近几年，呼和浩特市积极举办各种类型的体育赛事，多次承办自治区以及国家赛事，有效提高了城市体育知名度和文化影响力。在总结历史经验教训的基础上，呼和浩特市的竞技体育开始积极学习国内外先进训练经验，引进设备，提高竞技水平。此外，冰雪运动、马拉松、马产业等项目备受关注，邀请赛、交流赛、职业联赛等各类赛事活跃，这不仅仅推动了体育项目本身的发展，也拉动了体育装备、体育传媒、体育表演等相关产业的发展。

第八章　呼和浩特现代特色体育文化变迁

呼和浩特市早期的体育活动带有较浓厚的民族色彩和传统色彩。随着社会的不断发展，呼和浩特市经济水平的不断提高，现代特色体育项目逐渐发展起来。呼和浩特市的现代特色体育项目是呼和浩特市地区人民群众依托地理位置特点和优势，在多重人文环境和多民族文化融合背景以及人类自身现代身心发展的需求下，在日常生产活动中逐渐发展起来的现代体育项目。区别于民族传统体育项目，现代特色体育项目具有深厚广泛的群众基础，与国际接轨并且易于被他人接受和传播。

第一节　冰雪运动

滑冰运动是呼和浩特市群众冬季锻炼身体时最有价值的运动项目之一，不仅可以增强肌肉的力量，而且可以使内脏器官机能得到强化，加快新陈代谢，从而提高运动能力，增进身体健康，使身体能够适应外界寒冷的温度，增强抵抗力。呼和浩特市地区冬季气候严寒，结冰期早，可滑冰的时间很长，适宜开展冰雪运动。在冰面上风驰电掣或随着优美的音乐翩翩起舞，可以振奋精神，还可以在乐趣中锻炼身体和意志。

中华人民共和国成立初期，归绥市（现呼和浩特市）冰上运动开展情况并不可观，1951年，人民体育场仅有一个三十公尺的小冰场，整个冬季只有二百余人参加冰上运动。1953 年，在党和政府的关怀和领导，加之体育工作者的努力及各部门的大力支持下，冰上运动才有了一些进展，归绥市（现呼和浩特市）各机关、学校共建成十四个冰场（其中以人民体育场三百公尺跑圈的标准冰场为最大）。随着冰雪场地的完善，冰上运动开始深入群众，平均每日有四千人进行冰上活动，参加活动的包括蒙、汉、回等各民族的工人、干部、学生和解放军。1954 年 1 月，归绥市（现呼和浩特市）举办了第一次滑冰比赛大会，前来参观的民众约有一万六千人。自此，全市学习滑冰的人数日渐增多，冰上运动变为一项群众性运动。在快速发展的同时，冰上运动也存在很多问题需要解决，冰上运动设备，如冰鞋、冰场还有待进一步优化，加上民众缺乏滑冰的基本知识，滑冰技术不高，急需专业运动员从理论和技术方面加以指导。

呼和浩特市大力开展冰上运动的转折点在 1954 年北京市冰上运动代表队来归绥市（现呼和浩特市）进行的表演，这一活动恰好迎合了归绥市（现呼和浩特市）群众的运动要求，给民众留下了深刻的印象，广大的冰上运动爱好者有了学习和观摩的机会，运动员们纯熟的技术以及优异的成绩表现吸引了许多观众，冰场被围得水泄不通。在表演比赛进行时，冰场四周不时可以听到赞扬北京代表队"转弯""起跑""攻球"等灵活技巧的赞赏和谈笑声，还有人模仿着运动员的动作就地进行练习和学习，表演结束后，仍然有很多观众恋恋不肯离去。北京市代表队带动了当时归绥市（现呼和浩特市）的冰上运动，为归绥市（现呼和浩特市）更好更快地开展冰上运动起到巨大的助推作用。在学习北京代表队的基础上，呼和浩特市的冰上运动开始蓬勃发展。

关于呼和浩特市冰雪项目发展的实际情况，赵老师、苏老师、韩老师这样讲：

"（B-ZX-1）近些年来，呼和浩特市的滑雪、跑酷、橄榄球等运动项目也都开始出现了，并慢慢地开始建立起各自的俱乐部，平时也会组织一些线下活动。最近天气也冷了，呼和浩特市的滑冰场、滑雪场也都开了，咱们呼和浩特市还是挺适合开展冰雪运动的，大家也都有冰雪运动的运动底子。"

"（D-SJ-1）在呼和浩特市的各个冰场，滑冰人使用的冰鞋可以按鞋底冰刀的类型分为三种，即花样冰刀、跑刀和冰球刀。其中，花样冰刀刃宽而短，滑起来容易控制身体的姿势，适合初学者；跑刀和冰球刀刃都比较薄，不适合初学者使用。在那个时代，滑冰的特点是大众参与，大多数人都是租鞋滑冰。我高中的时候非常喜欢滑冰，特别希望能有一双自己的冰鞋，我姐刚参加工作的时候给我买了一双冰鞋，我高兴得每天都去滑冰。后来上大学，冰鞋就司空见惯了。在以前那个年代经济和物质条件不发达，期望得不到满足，所以对于一项运动的热爱和期盼值是极高的。后来咱们呼和浩特市经济发展了，实现了冰鞋自由，但是总觉得少了点什么，我觉得是没有当初的那份激情了。往往越是不轻易得到的，我们反而越是珍惜，对容易得到的东西，反而会很不在乎。"

"（F-HTY-1）我大概是1989年冬天学会的滑冰，最早在农大冰场参加滑冰培训班，当时像农大、师大、内大都有冰场，还有大马路体育场，就是刚才我们说的游泳池旁边的体育场，那个时候在冬天也是一个特别大的冰场。

当时我们家离农大比较近，那个时候农大还叫农牧学院，我们是去农牧学院老师办的班学滑冰，可能因为是体育老师办培训班，所以价格也比较便宜，一个寒假5块钱。那个时候大概是三年级，学会滑冰以后的每一个寒假就盼着滑冰，整个假期就是上午待家里写寒假作业，中午吃完饭我和我妹妹就拿着冰鞋去农大去滑冰了。

有时候放寒假，学生都离校了，农大的冰场就没人管了，于是我们就到大马路体育场，就是现在的人民体育场，冰场几乎云集了所有滑冰好的，有些半大小伙子、青年人，还有一些中老年人，他们的业余水平都很高。我记得主要是滑球刀和跑刀的，也有不少滑花刀，我记得那时候有一个姐姐，她花样滑冰滑得特别好，我的倒滑就是偷偷跟着她学的。那个时候小，也不敢跟人家问，看见谁滑得好，我就模仿着滑，就这样学会了很多滑冰动作。呼市的滑冰曾经很有些群众基础，领导也重视。现在媒体都在讲"冰雪进校园""三亿人民上冰雪"，大家都觉得东三省的冰雪运动是有深厚的基础。实际上可能很多人并不知道，呼和浩特的冰雪运动，特别是滑冰还有曾经有过的业余滑冰，还是有过蛮辉煌的历史的。

我记得我以前看过一份报纸，就是很早以前的老报纸了，一九五几年的时候我们就有冰上运动会了，内蒙古的运动会、呼和浩特的运动会，就有滑冰项目，我的一个大爷也是特别喜欢体育，他是达斡尔族，是从呼伦贝尔的莫里达瓦旗来呼市工作的，是内大的教授。他就参加过花样滑冰的比赛，还跟搭档一起拿过自治区的冠军。"

"（F-HTY-1）那个时候我感觉呼市的滑冰群众基础还是很好的，有很多小孩子在冰场上横冲直撞，还有一些二十几岁的年轻人，老年人也很多，有一些中老年人滑得还非常好，我这两年在师大和农大的冰场还能见到有一个人，应该是我上小学的时候就在农大滑冰，现在我应该叫他大爷，那个时候他大概40多岁，是滑花样滑冰的，他的滑行轨迹能画出一朵花，会旋转，会做燕翅平衡。

我后来出去读研究生，之后工作了很多年，都没有怎么滑冰了，后来是前些年再去农大滑冰，我又看到他，他应该也是坚持了好几十年的。现在我们滑冰就没有那么多人了，冰场也少了，这两年举办北京冬奥会，倡议全国三亿人民参与冰雪运动，内蒙古也加入了北京冬奥会的冰雪嘉年华，现在的每年冬天，我们又增开了一些冰场，像大小黑河沿河风光带、如意河那边有冰场，还有一些公园的冰场又开放了，像青城公园、满都海公园的冰场，还有师大、农大的冰场，但是大马路体育场的冰场没有了，因为现在那里有草坪、塑胶跑道，可能也不适宜再结冰了，所以那边冰场的数量减少了。

近几年由于冰雪嘉年华活动的兴起，我发现街头的一些笼式足球场被改造成了街头的小冰场，这给大家提供了很多滑冰的场地。"

"（F-HTY-1）最近呼和浩特体育馆的冰场又开放了，开放时间从上午 9 点到下午 2 点，面向 60 岁以上老年人免费开放。我从一些媒体和网上的小视频里看到了一些很熟悉的身影，都是我以前冬天在师大滑冰的时候常见的那几个老师。当时政策出来的时候，很多人都在说'六七十岁的老年人哪里滑得动'，其实持这种观点的人恰恰是对现在呼市滑冰人口的误解，现在支撑着呼市常年进行滑冰运动的人群，恰恰是这些 60 岁以上的老年人，中青年人群很少，还有一部分是家长送去学滑冰，以培训为目的的青少年，这个就是我们现在滑冰的一个现状。

我自己的感觉，一个是小时候冰场数量很多，当然了，质量肯定不如现在的冰场，特别是室内冰场，和现在不太一样，但是当时的冰场数量是很庞大的，而且如果按照曾经所有的中学都开设冰课，小学一部分学校能开设冰课的话，当时我们滑冰的人口是很多的，很多人都有可能会成为冰上爱好者。但是非常遗憾，随着学校硬件条件的升级，还有人们的生活方式和娱乐方式的变化，大众滑冰在呼和浩特一度衰落了。如今冬奥会是一个非常好的契机，我明显感觉在今年举行冬奥会期间，冰场上常有一些孩子在议论短道速滑花样滑冰里面的运动员，提到羽生结弦、金博洋、任子威、武大靖这些名字，就能感觉到运动会冬奥会对人们行为的影响还是很大的。那段时间去滑冰的人数也有增加，这个是大家自发去滑冰的。要增加冰雪人口，需要政府自上而下做些什么，从政策的层面予以保证，比如说那些老年人可以免费滑冰，就可以极大地鼓励老年人走进冰场，而且滑冰场地利用率也有了很大的提高。另外，从场馆设计的方面，把一些冬天闲置的笼式足球场改造成冰场，也提高了这些场地的利用率，而且笼式足球场基本上就是在小区门口或街道附近，大家去的话也很方便，相当于是一个十五分钟的健身圈，对大家走上冰场有很大的一个帮助，希望这种政策不是一阵风，不要因为冬奥会结束了，明年大家就不搞了，就看明年能不能持续下去，也希望呼市的冰雪运动迎来一个新的高潮。"

滑雪是一项运动时感受强烈、极为刺激的体育项目。随着呼和浩特市人民生活水平的提高，以及滑雪这项运动本身附带的刺激性和健身性功能，近几年，滑雪运动逐渐褪去贵族运动的外壳，为广大呼和浩特市人民所接触。呼和浩特市冬季结冰期长、气温严寒、入冬期早的地理环境特点也为冰雪运动的开展提供了优越的环境条件。全市目前共开放三个室外滑雪场，分别为太伟滑雪场、北极光滑雪场和马鬃山滑雪场，这三个场地都离市中心较远，需驱专车前往，在一定方面阻碍了呼和浩特市群众参与冰雪运动，在受众方面还有很大的提升空间。2022 年北京冬奥会的成功举办对呼和浩特市乃至全国的冰雪运动都起到了不可小觑的推动作用。

"（D-SJ-1）像滑雪这种体育项目，还是需要政府多组织举办活动，引领群众参加进来。现在更多的都是个人去滑雪场滑雪，闲暇之余去玩个新鲜，真正的那种滑雪发烧友是很少的。咱们呼和浩特市的滑雪市场还有很大的开发空间。"

第二节　笼式足球

2014年，在呼和浩特市成为全国首个足球改革试点省区后，笼式足球以占地面积小，设置方便、成本低廉等优势，在呼和浩特市遍地开花。分布在市区各地的笼式足球场成了广大市民休闲运动的好去处，也成为了户外足球爱好者的运动首选之地。呼和浩特市已建成并正式投入可供大众使用的笼式足球场共有700多个，这些场地大多数是由政府出资修建的，主要分布在城市公园、学校和社区周边，采取白天免费和夜晚低价收费的形式向呼和浩特市市民开放。

目前虽建有大量的笼式足球场地，但其中部分足球场出现了无人踢球、内部器材受损、场地内环境脏乱、铁锁锁门等问题，如何对足球场地进行长效监管、有效利用，维护好场内设施，使之更好地为广大市民群众服务，成为了一个棘手的问题。

对于呼和浩特市笼式足球开展的实际情况，侯老师和赵老师这样讲：

"（A-HBS-1）近些年呼和浩特市大力发展笼式足球，对我们老一辈足球人来讲，踢球其实用不着弄那个笼子，过去每次踢球，周围没有笼子，球都滚得很远，虽然捡球不方便，但是在无形中培养了一种认真踢球的态度，每次出脚都想着把球踢好。归根结底，笼式足球还是群众参加足球运动的好去处。"

"（B-ZX-1）呼和浩特市的笼式足球场比较多，但是开展得不太理想。现在都是一些附近的小孩子在里面踢一踢，玩一玩。笼式足球场地环境管理不太规范，卫生条件差，设施易损坏老化。主要原因还是呼和浩特市足球人口基数少。"

针对呼和浩特市笼式足球开展的实际情况，为有效提高场地利用率、扩大市民参与度、营造良好的体育活动氛围，市政府特别开展了呼和浩特市冬季冰雪嘉年华，从 2020 年冬季开始将部分笼式足球场改造为冰场，增加了冰场数量，给市民滑冰提供了更多的场地。

第三节　太极拳、太极剑

太极拳是我国一种独特的锻炼身体的方法，十七世纪的时候开始在民间流传。在旧社会时代，太极拳经常受到封建迷信和宗派思想的影响，长期以来未能得到很好的发展。解放后，党和政府十分关心人民健康，提倡体育运动，对武术遗产采取了"取其精华，去其糟粕"的方针，这些政策使我国古老的民族武术得到了继承和发扬，太极拳逐渐成为深受广大群众欢迎的运动项目，迎来了属于自己的春天。太极拳运动平稳舒展，轻松和缓，动作和呼吸结合自然，通过各种手法、步法和身法的变化，做到"连绵不断，川流不息"，使全身上下内外都能得到活动，在打拳时还要求注意力集中，不存杂念。这些对呼吸系统、循环系统、消化系统、骨骼肌肉和中枢神经系统都有良好的影响。如今，行走在呼和浩特市的大大小小的公园中，经常会在公园的一隅看到三五个老年人，他们身着统一的白色太极服，配合着轻柔的音乐，整齐划一地打着太极拳。柔中带刚，刚柔并济的一招一式都展现着老年人身上的活力和泰然，成为公园中一道靓丽的"体育风景线"。

对于呼和浩特市太极拳开展情况，刘老师这样讲：

"（C-LJY-1）我现在接触到的呼和浩特市的体育运动，大部分上都是民间运动，有太极拳、太极剑、太极扇、健美操、广场舞等等。90 年代我在蒙古风情园那块开始跳健美操，后来也参加了跳交谊舞。再后来，呼和浩特市成立了专门的太极拳协会，我开始接触简单的二十四式太极拳。太极拳活动很适合老年人，它比较慢一些，现在国家编的太极拳都有科学依据的，如果按照标准动作来打的话，对身体非常好，尤其是对老年人心脑血管、呼吸系统是特别有帮助的，身体也会变得更矫健，不容易生病。经常坚持打太极拳的话，身体状态就感觉好多了，头脑清醒，特别好，真的非常适合老年人。"

太极剑是太极拳运动的一个重要内容，它兼有太极拳和剑术两种风格特点，一方面，太极剑要像太极拳一样，表现轻灵柔和，绵绵不断，重意不重力；另一方面，还要表现出优美潇洒、剑法清楚、形神兼备的剑术演练风格。

对呼和浩特市太极剑开展情况，刘老师这样讲：

"（C-LJY-1）太极剑也非常好，以太极拳为基础，太极拳打好了，太极剑就能更快上手，更加协调、自然、美观。舞太极剑可以使身体更加舒展，更能达到锻炼身体的目的。动作节奏由自己把握，更加自由，配上音乐非常优美。在我们年龄大了以后，运动还是有帮助的，爱活动的人到老了也爱活动，身体比同龄人好多了，疾病也少。像我这种比较爱活动的人，还是有活动就参加的，但是大部分人不玩这个东西。"

第四节　广场舞

广场舞是现代舞蹈的一种突出表现形式，因多在广场聚集开展而得名，以集体舞为主要活动形式，以健身休闲为主要目的。21世纪以来，广场舞的热度不断升高，在市民群众中备受欢迎和推崇。呼和浩特市广场舞开展情况良好，参与人数众多，参与者的年龄结构不断延伸，广场舞从最初大爷大妈闲暇活动的代名词变得逐渐年轻化，不少青少年也加入到广场舞的大团体当中。呼和浩特市市民最早参与的舞蹈是90年代在机关单位和工厂里盛行的交谊舞，这种舞蹈形式一直沿袭至今。

广场舞具有独特的体育锻炼价值，经常参加广场舞练习的人，其心血管和呼吸系统都能得到良好的改善，能够消除身心疲劳和精神紧张，增强身体素质，预防和缓解老年疾病。

在广场舞开展过程中，也存在着不少问题。归根结底，广场舞是一种临时性社交行为，极易受到参与者积极性、自觉性以及时间安排等因素的影响，在管理方面也存在一定的困难：活动场地没有明确的划分原则，大多数情况下依靠运动习惯和"先到先得"的方式。扰民和噪声问题是困扰广场舞活动的两大主要矛盾，在全国各地广场舞开展过程中，都遇到了这种令人头疼的问题，甚至因此造成各种社会关系的激烈碰撞，产生了与体育活动的初衷相背离的不利影响。呼和浩特市广场舞活动长盛不衰，甚至表现出不断有新的年轻活力注入的趋势，这一现象是值得借鉴和分析的。一方面原因是广场舞自身的体育魅力，其包容性和易学性牢牢抓住了广泛的爱好群体；另一方面原因是呼和浩特市地区独特的地理环境和人文环境，合理的城市体育公共场地配置是基础，保证了各区域内的民众都有地方进行活动；公园内大型的空地多，为广场舞开展提供了充足的活动场地。满都海公园内部设计呈圆心状，广场舞活动场地被四周湖水和树林牢牢围住，加上外围的乒乓球活动场所、儿童乐园以及群众器械活动区，将活动场地与周围住宅区隔离开，完美解决了噪声问题。青城公园内部空地面积大，采用分区分块地设置，合理解决了场地分配不均的问题。因此，呼和浩特市广场舞发展得很好。目前呼和浩特市大型广场舞的聚集地主要在青城公园、满都海公园和大召广场。

对于呼和浩特市广场舞的开展情况，侯老师、赵老师、韩老师这样讲：

"（A-HBS-1）呼和浩特市的体育舞蹈最开始就是交谊舞，就是在人民公园（现青城公园）那里跳，现在统一都叫广场舞了。"

"（B-ZX-1）现在大召广场舞跳舞的人很多，不是咱们传统认知里大爷大妈参与的广场舞，现在也有很多年轻小后生加入其中，他们跳的叫鬼步舞，还有拉丁舞，等等。现在大召跳舞的，他们内部分成了很多流派，但统称为广场舞。"

"（F-HTY-1）在呼市，大召广场是一个很有意思的地方，位于玉泉区，属于呼和浩特的'老成渝'。那边有很多老建筑，你要找一些老字号的话，在那儿能够找到。以前那边有玉泉井，玉泉街，还有一条塞上老街，有一些老建筑和老店。后来开始发展旅游业，大召附近进行了翻新，修旧如旧，建成了像通神、大象这种的仿古一条街，大昭广场旁边有召庙，中间有一块很开阔的广场，是夏天呼市市民休闲消夏常去的地方。

这个地方和体育的关系中，我觉得最有特色的是大召广场的广场舞。这儿的广场舞和其他地方的不太一样，这儿的广场舞兴起很早，我记得大概是在2004、2005年的时候，当时我家住在赛罕区，离玉泉区还是有点距离，平时不经常到玉泉区来，也很少到大召广场。2004年的暑假，我带外地来玩的同学到大召这边来逛，发现这边有很多人聚集在一起跳广场舞，当时很多人在跳健身操，跳舞的有男女老少，什么样的人群都有，那时候大召的广场舞就已经初具规模了。

大召的广场舞有一个与众不同的特点，就是它的参与人群并不是一般常见的中老年女性人群为主，而是以年轻人居多，其中男性占比很大，有很多二十几岁的小伙子，三四十岁的中年男性也很多，大家跳的舞步也和一般的广场舞不同，节奏感更强，对协调性要求更高，还有很多小孩来跳广场舞，这些是大召广场舞的一个特点。

大召广场舞的参与人群从年龄和性别上看更广泛、多样，大召广场舞的生态是特别有意思的，有我们常见的那种以中老年女性为主的传统广场舞人群，也有跳交谊舞、民族舞的人群，还有跳水兵舞的人群，最有特色的就是以青年男性为主的广场舞人群，每年到了天气暖和之后，广场舞就成了大召广场的一个特色，是用以消夏的一项常规活动。"

第五节　毽球

毽球是从中国民间的踢毽子游戏演变而来的，有着悠久的历史。一般是把四只白色或彩色鹅翎呈"十字形"固定在毛管里，与底部的垫子相连接。毽球在传统花毽的基础上，加入了竞技对抗性，是集羽毛球场地、排球规则、足球技术为一体的、具有隔网对抗性的体育项目，也是一项趣味性十足、观赏性极佳且能够有效健身的群众体育项目。2010年以后，呼和浩特市开始逐步发展毽球文化，呼和浩特市政府每年开展的毽球锦标赛中，参赛队伍有来自各中学和机关的代表队。踢毽球与踢毽子不同，是一项简单易操作的健身活动，经常踢毽球可以活动全身筋骨，提高身体健康。毽球自开展以来，深受呼和浩特市人民群众的喜爱。闲暇之余，人们总是三五成群相约在住宅区空地和公园内踢毽球。

对于呼和浩特市群众毽球项目开展的实际情况，苏军老师这样讲：

"（D-SJ-1）当时踢毛毽的特别多，现在大家都踢毽球了。现在公园里有一帮专门踢毽球的，他们穿的专用鞋跟鸭掌一样，接触面大，踢球更容易。毽球这项运动对群众来说很方便开展。"

呼和浩特市体育文化发展呈现阶段性的特征，群众体育热门项目经过多次更迭，已经从传统的"草原三艺"发展成为当代受欢迎的冰雪运动、广场舞、笼式足球等体育项目，群众体育运动项目更加现代化，受众群体也更广泛。

第六节　旱冰、台球

轮滑运动是深受广大群众特别是青少年喜爱的一项流行体育项目，20 世纪 90 年代，轮滑曾经在呼和浩特风靡一时，不过那时候这项运动的名字还不叫轮滑，而是叫旱冰。对于这项运动，有人这样讲：

"（F-HTY-1）在 90 年代中期，当时也很流行旱冰，现在大家都叫轮滑了。我们那个时候的旱冰鞋是双排轮的，底下是带的那种金属鞋架和轮子的那种外置的鞋，拿个绳子绑在自己的鞋底下。最早经常去的旱冰场在人民公园，也就是现在的青城公园东门正对着的八角厅，穿的旱冰鞋就是那种外置的脚上绑带子的金属旱冰鞋。

到了高中的时候，突然就出现了很多旱冰场，像金马这个是影响力比较大的，金马在内蒙古体育馆里，是在木质地板上滑旱冰，金马是当时最大的一个旱冰场。还有在旧城北门那边有一个叫金桥的旱冰城，也很出名。此外，回民区的新世界、内大东门的大自然，这几个旱冰场是当时在呼市比较有名的，也都是呼市年轻人最喜欢去的地方。

那时候，这些旱冰场的秩序是很混乱的，里面既是旱冰场，也像迪厅，会放一些迪斯科的音乐，像当时很流行的荷东、荷西、野人之类的这些音乐。除了滑旱冰，冰场上面也有舞池，穿着冰鞋跳到舞池里就可以去蹦迪。当时的旱冰场有很多社会青年聚集，除了学生之外，还有社会上的一些闲散人员，所以其实这些旱冰场有时候也是混乱的代名词，秩序比较混乱，鱼龙混杂。"

20 世纪 80 年代末 90 年代初，台球曾经风靡全国。与英式斯诺克相比，当时流行的中式八球玩法简单易学，对场地器材和技术没有太高的要求，是街头巷尾最受人们欢迎的一项娱乐体育活动。

"（F-HTY-1）90 年代初，全国当时都很流行台球，台球在那个时候成为中国的一项街头运动，在呼市也不例外。在现在的电力中学附近有一条巷子，巷子里全是台球厅，那条巷子的名字现在已经不记得了，但是记得它的绰号叫台球街。另外一条台球街是附中东巷，那里的台球厅也特别多。还有就是在农大东区，也就是当时林学院的院里有很多平房，里面的住户就在自己的平房里摆几个台球案。

我们上初中的时候，放学早就会去那玩几把，附中东巷离我们学校很近，台球街也是我们放学的必经之地，经常会有同学放学就去那打一会台球，林学院的台球厅我们也去，因为当时我们有一个同学家就住在林学院，他家自己院里就摆个台球案，他爸就经营这个台球生意，所以有的时候会去这个同学家里玩。

因为当时台球属于街头运动，台球街和旱冰场很相似，也成了鱼龙混杂之地，经常有很多社会闲散人员光着膀子打台球。后来我们在电视上才知道，台球运动在欧洲被称为三大贵族运动之一。现在丁俊晖他们打台球的时候，或者打斯诺克的时候，都是要穿着礼服的，穿衬衣马甲，打领结，女士也是同样的装束，所以台球是一项绅士运动，而 20 世纪 90 年代初期在中国流行的时候，却是一项街头运动。我们上初中的时候，教育局甚至要求所有的中学生不得进入"三室一厅"，"三室"里面的其中一个就是台球室。由于人们打台球时常常发生打架斗殴事件，附中东巷也被人们称为"恶人谷"。"

台球是经历过 20 世纪 90 年代的中国人绕不开的一段记忆。那时的台球既是人们休闲娱乐的方式，也是很多普通人赚钱谋生的手段。虽然一度因为赌球盛行影响了台球的发展，但流行一时的街头台球也为后来中国职业台球的蓬勃发展埋下了伏笔。

第七节　呼和浩特市那达慕大会和草原文化节

民族传统体育与现代竞技体育是不同的，呼和浩特市早期的体育活动带有浓厚的民族和传统色彩。民族传统体育源于生活，源自民间，是在长期历史进程中不断交流、传承并逐步发展起来的。它反映了生活、锻炼了身体、愉悦了精神。

对于呼和浩特地区的民族形式体育活动，历代反动统治者一直都持鄙视的态度，甚至采用高压手段来摧残这些优秀的民族遗产，这是因为统治者害怕参加体育活动的人民在体质健壮后反抗他们的统治。但是，已经在人民群众中扎根的各种民族形式体育，终于还是被保存和流传了下来。广泛分布在民间的体育家们用英勇的斗争，抵住了一切来自统治阶级的侮辱和摧残，顽强的保存了民族形式体育的优良传统。

提到民族传统体育，就不得不提到充满传奇色彩的美丽草原内蒙古。自中华人民共和国成立后，党和政府十分重视各族人民的身体健康，把发展体育作为一件大事来抓。在正确方针的指导下，民族传统体育得以恢复和发展，各项体育运动随之蓬勃兴起。那达慕，是蒙古语"娱乐"和"游戏"的意思，那达慕大会是蒙古族民族传统的群众性集会和一年一度的盛大节日。据史料记载，"那达慕"距今已有700多年历史，传统的那达慕体育活动主要有三项，即被称为"男儿三艺"的摔跤、赛马和射箭。那达慕场面的宏大，健儿们争雄好胜的拼搏意识，高超的竞技技巧，多彩的比赛服饰，高亢浑厚的"乌日雅"赞歌都充分地体现了蒙古族文化与民族精神的深厚内涵。

1981年8月27日，为庆祝呼和浩特市建城四百周年而召开的那达慕大会在内蒙古赛马场隆重开幕。

对于呼和浩特市那达慕大会的举办情况，刘老师和朝伦老师这样回忆：

"（C-LJY-1）在我印象中，呼和浩特市二十多年前曾经举办过那达慕大会，大会以传统草原三艺骑马、射箭和摔跤为主。"

"（E-CLBTE-1）在呼和浩特市举办的国际那达慕大赛很少，那达慕一般都是由内蒙古自治区体委组织举办的，基本就是在每年的 7 月份左右，一般都是在牧区举行，蒙古族的人参加的比较多，现在人们提到的那达慕大会多数是指在市区里举行的各种那达慕文化会。"

今天的草原那达慕大会，除了继承了原有的民族形式和鲜明的民族特色，在举办方式、活动内容、竞技规则、奖品礼仪等方面又有了新的发展，竞赛项目既有传统的三项竞技，又有田径、球类等近代体育竞赛项目。

20 世纪 80 年代后，呼和浩特市把那达慕的一年一庆定为"草原节"，并且还筹办了"国际那达慕节"，既体现了各民族团结进步、共同繁荣的美好愿景，又展示了扩大开放、走向世界的崭新面貌。2018 年，呼和浩特市首届冰雪那达慕文化节在内蒙古中西部最大的冰雪大世界，也是呼和浩特市及周边地区唯一一个综合类大型冰雪特色景区——冰雪欢乐谷开幕。

呼和浩特市现存的民族传统体育文化是我国优秀民族传统文化的重要组成部分，在内蒙古地区漫长的历史发展过程中，与民族地区传统文化结合，逐渐形成了融竞技拼搏、养身健体、道德教育于一体的独特风格。在国家政策、多民族相互融合、重大体育赛事、主流媒体等因素影响下，呼和浩特市传统体育文化逐渐发展成以乐观、勇敢、拼搏、创新为主题的"新城市体育文化基因"，在吸收现代体育文化精粹的同时，不断引领带动着自治区其他盟、市、县、旗体育文化发展。

第九章　呼和浩特市体育场地器材的变迁

中华人民共和国成立前，呼和浩特市的体育场地十分简陋，一处在新旧城之间，除空旷的草滩外，仅有 6 间平房。另一处在现今锡林南路一带（当年还是荒芜的草地），曾是"绥远省赛马场"，这两处均为天然场地。在归绥师范学校院内，由师生们义务劳动建成一个简易游泳池，宽 20 米，长 30 米，池壁由草坯砌成。各学校的小型运动场内，除备有 1-2 副篮球架和单双杠外，没有其他的体育设备。

改革开放以来，呼和浩特市的城市建筑发生了日新月异的变化。政府在体育场馆建设方面不断加大投入力度，一批批重点体育文化场馆拔地而起，不少新型项目也在顺利推进。充满民族特点的体育场馆不仅成为呼和浩特市新的地标建筑，而且成为了呼和浩特市展示改革开放经济建设硕果的重要窗口和载体。四十多年间，呼和浩特市体育场所建设从以前的捉襟见肘到现在的欣欣向荣，其中凝结着呼和浩特市人民的不懈奋斗和对美好体育生活的执着追求。

第一节　体育场域

一、呼和浩特市人民体育场

1953 年 7 月，为迎接在呼市举行的华北田径运动会，政府拨款 30 多万元，兴建公园东路人民体育场田径场，场地于同年 8 月 20 日建成并交付使用。该田径场占地面积 103，100 平方米，建筑面积 1，350 平方米。到了 60 年代，又续建了主席台，房屋建筑面积 700 平方米。田径场看台为砖土结构，可容纳观众 27，000 人。

1956 年，呼和浩特市建成灯光篮球场，可容纳观众 3，000 人。1985 年，呼市人民体育场经过历年建设，以田径场为主体建筑，已成为包括田径比赛、练习场、足球场、灯光篮球场、篮球练习场、网球场、游泳池、乒乓球室、体操训练室、摔跤房等在内的综合性中心体育场地，场地周围经过多年绿化，绿树成荫，沥青甬道纵横，东大门雕塑人像屹立，环境优美。

1955 年 9 月，内蒙古体育活动委员会决定将"内蒙古人民体育场"移交市体委管理，并改名为呼和浩特市人民体育场，作为市体委的一个直属事业单位。1959 年，体育场创办青少年业余体育学校。1962 年，学校因精简压缩编制而停办。1983 年，改建铺设草坯场。1984 年，市人民体育场设立西郊体育分场（原西郊冰场），别称工人体育场。场馆位于呼和浩特市回民区公园东路东侧。以所属地及功能署名，处于绿荫环抱之中，是举行大型比赛、训练和群众性体育活动的主要场所。

呼和浩特市人民体育场是一座由椭圆形钢筋混凝土框架的大型建筑，始建于 1953 年，占地面积 3.5 万平方米，建筑面积 1.5 万平方米，内部设有运动员休息室、练习室、会议室，等等。体育场设有 400 米的标准塑胶跑道，场中央是一块国际标准足球场以及田径比赛项目所需的比赛设备，场外配有四座投光灯塔，场内配有微机网络、视频音响及其他先进的体育设施。呼和浩特市人民体育场分为两层，共有十四个看台，可容纳3.2万观众。整体建筑采用内蒙古民族喜爱的蓝、白、黄金色进行装饰，还配有各种体育运动雕塑和图案，具有鲜明的民族特色。2011年，呼和浩特市体育局对体育场草坪、塑胶跑道及看台部分进行了全面的维修改造，改造后的体育场具备了承办全国大型运动会的条件，能满足包括国际比赛在内的大型体育活动的场内服务及实况报道等方面的需求，同时为全民健身创造了一个更加良好的体育活动场所。

1997年，内蒙古第一支职业化足球队——包钢带钢足球俱乐部正式成立，该俱乐部将呼和浩特市人民体育场定为主要活动场地。

对于中华人民共和国成立之后呼和浩特市人民体育场的体育文化，口述者们这样回忆：

"（A-HBS-1）现在的呼和浩特市人民体育场是1975年拆了重新盖的，中华人民共和国成立前叫跑马场，后来改名为大马路体育场，这个场馆应该是呼和浩特市本地人印象里最深刻的，八九十年代呼和浩特市大小体育活动都在这里举行。一开始大马路体育场中间还都是土场地，场馆外围是砖砌的，台阶座椅也都是石头的，很少有水泥的。当时场地是东西走向，主席台是在南侧，现在在正规的体育场，主席台已经都改到西侧了。因为当时赛马比赛多，比赛时间大多在上午，所以场地坐东朝西，观众观看比赛时能避免刺眼的太阳光。赛马跑道有一个特别的地方在于赛马比赛跑起来是顺时针的，而咱们传统的田径是逆时针方向。以前场地里设置的观众座位都是砖头的，后来慢慢改成水泥的，再后来变成一排排木头的，到现在，各个体育场馆里看台上变成了独立的塑料凳子。

20世纪60年代，呼和浩特市大马路体育场开放了游泳池，最早的时候只有一个深水池，大概五十米长，四十米宽，有八条泳道。后来全市市民在那里挖泥、抬大筐，建成了一个不规则的浅水池，最深的地方是一米二，就这样，小孩儿也有游泳场地了。再后来修的跳水池建有五米跳板和三米跳板，那个是专门为了比赛而修的，泳池、泳道都是正规的。跳水池平时也开放，当时有很多人玩跳水，我也经常参加。体育场东边是一圈看台，西侧是更衣室。夏天在这里游泳的人特别多，平时也有专人监管，当时被叫做池长。游泳池每年的六月一日起对大众开放，要想到游泳池游泳，首先必须要体检，有了体检合格证才能进入游泳池游泳，而且只能在浅水池里游，想要去深水池和跳水池活动还要参加专门考试，考深水池项目，当时是三十米泳道游两个来回，跳水池是二百米游两个来回，通过了之后在游泳证上面贴上自己的照片，加盖成绩合格的章。游泳证每年都要年检并参加考核，加盖考试成绩合格印章后，才能进场游泳，当时是挺严格的，这也是为了大家的安全着想。尽管如此严格，还是会有意外发生，因为泳池里人实在是太多了，我当时在泳池里还救过两个小孩子。当时呼和浩特市群众参加游泳的氛围十分高涨，现在老游泳池已经拆除了，旁边篮球场也拆除了。"

"（B-ZX-1）当时呼和浩特市体育场馆不多，人们一般都在厂子里、小区里、机关企业的空地上进行体育活动，篮球场是最多的。大马路体育场，也就是现在的呼和浩特市人民体育场，对呼和浩特市人来说意义非凡，就跟老北京人对工体的感情一样。1997年那会，呼和浩特市包钢带钢足球队在里面踢主场。体育场旁边还有大的露天游泳池，夏天人们都一块去那里游泳。"

"（D-SJ-1）我记忆最深的就是大马路体育场，最少经历了三次修缮。最早的城墙是带坡度的，从外头能爬上去。我中学的时候参加运动会就是各个学校在门口搭帐篷供队员们休息，现在参赛运动员都是学校给分配住宾馆。自治区四十年大庆的时候，我们中学去举牌子，学生们不上课去参加文艺汇演彩排。当时游泳池是买票进的，一张票一毛钱。跳水池和深水池需要考证才能进去，在浅水池能一次性游200米，深水池能一次性游50米的会发跳水证，有了跳水证才有资格去跳水池。深水池深的地方是一米九、浅的地方是一米五，浅水池的深度是九十厘米到一米二，浅水池基本都是孩子们玩。游得好的在深水池，水平更高的在跳水池。但是那个年代，跳水池的人不少，五米高的跳台很多女的都敢往下跳，后来跳台就不对外开放了，怕出事故。大马路体育场就是夏天去游泳，冬天来滑冰。我工作以后还经常去跳水池玩，后来游泳馆也关闭了，修起了现在的香格里拉。"

"（E-CLBTE-1）50 年代那时候，内蒙古就那一个体育场，最开始全区的各种比赛就都是在大马路体育场里举办的，体育设施是齐全的，能够满足基本比赛需要，当时有很罕见的 400 米标准跑道，体育场东南边有篮球场，能举行篮球比赛。呼和浩特市中小学、大学、社会上开运动会也都是在大马路体育场，现在的几个呼和浩特市体育场都是后来新盖的。"

"（F-HTY-1）说到体育场馆体育场地，对于呼市人来说，印象最深的应该是大马路体育场，也就是现在的人民体育场。新城区的小学生运动会和全市中学生运动会都是在大马路体育场举行的。每年到了夏天运动会的时候我们都特别开心，就跟春游一样，穿上校服，戴上遮阳帽，家里给准备一些零食，背上一壶水，到体育场去看比赛。那个时候出游的机会比较少，不像现在的孩子，出去玩逛商场、去公园日常化了。我们小的时候没有双休日，周末只有星期日一天，到了星期日的时候，父母能够休息娱乐的时间是很有限的，因为那时家务活也没有机械化，到了周日父母都要大扫除，扫地、洗衣服、洗床单，有一大半的时间其实都是在做家务，因为平时工作很忙，只有到周末的时候才能来个彻底的打扫，当时如果能在星期日去趟公园，对我们很多小孩来说，都是很开心的日子。我的父母还算好，每个周日，他们基本上不是去姥姥家，就是去奶奶家，天气暖和了以后，我爸妈会骑自行车带我和我妹妹去郊游，但是这样的机会比较少，所以当时对于小学生或中学生来说，能去大马路体育场看三天的运动会，很像是周末能出去郊游一样，就都非常开心。"

人民体育场作为市属单位，周围还有其他体育场地设施，包括网球馆、游泳池、拳击馆，等等。这些场馆大多向市民开放，是呼市市民早年进行运动健身时经常光顾的场所，这些周围的场地一起形成了一个大马路体育场健身圈。

"（F-HTY-1）游泳池比较简陋，是室外这种露天的游泳池，但当时跳水池那边还是有看台的，跳水池的外面隔着一个栏杆，上面还有铁丝网，外面有看台，家长带着孩子去，如果孩子在里面游泳的话，家长可以在外面看。我记得 90 年代有城市的水上运动会，举办水上运动会时，观众就可以在外面的看台看游泳比赛。当时游泳池还会有存包处，现在是有柜子，这在以前的游泳池是没有的，只有一个专门的寄存处，贵重物品不负责寄存，我印象里当时说的贵重物品挺有年代感的，包括钢笔、眼镜、手表、钥匙、手表这些在我们现在看来还属于贵重物品的，钥匙属于对个人来说比较重要的东西，眼镜和钢笔现在一般没人随身携带，也不算什么贵重物品，但这些在当时都属于比较贵重的，不能寄存。以前的露天游泳池可以冲澡，但只有冷水，所以要洗澡的话是比较困难的，不像现在的游泳池有淋浴热水，现在还有一些游泳馆和洗浴中心放在一起，游完泳之后可以好好地去泡个澡，蒸个桑拿，比较舒服。

以前确实条件非常简陋，更衣室也只有那种木条和铁管做成的凳子，也没有柜子，但是当时大家游泳还是很开心的，那时候特别盼着到夏天，每到四五月份就开始盼着六一，六一到了游泳池就开放了，一般我和我妹都是六一当天就开始去游泳，没放假的时候，每个周六周日都要去，等到放暑假，我们的暑假基本上都是在游泳池度过的，上午写暑假作业，然后中午吃完饭，下午 1 点多钟就坐公交车去游泳池，下午五点多钟出来在游泳池门口吃点羊肉串，或者吃个煎饼，然后再坐公交车回家，年龄再大一点以后，能骑自行车了，我俩就骑自行车去，基本上是风雨无阻，有几回还下了挺大的雨，水也很冷，但是还是要下水玩，感觉嘴唇都冻紫了，但还是一直坚持，不知道那个时候为什么会有那么强的动力，一直都没有觉得乏味了，累了不想去了的情况，好像天天都要去。

当然也确实是因为当时的业余生活还比较贫乏，放了暑假，除了看书、写作业，跟院里面小孩玩一玩，也没有什么别的娱乐活动，电视也是限时播放，有些你感兴趣的节目也不一定重播，所以基本上都是一放暑假就去游泳了，当时的暑假过得还是挺健康的。"

二、内蒙古赛马场

赛马场位于呼和浩特市新城区内，靠近呼和浩特市体育场，以所属地及功能命名。赛马场的原址在新城区东门外，后因城区规划调整，于1956年迁址。1987年改建完成后，占地面积共32万平方米，建筑面积8329平方米。赛马场东西长750米，南北长405米，跑道呈椭圆形，宽18米，周长2500米。场地内设有障碍马术场、技巧表演场、标准环形速度赛马跑道等，可同时进行多个项目的比赛活动。场内东侧建筑体是主席台和观众台。在宽阔的屋顶上，有四座蒙古包式的建筑，蒙古包的穹庐顶上用蓝白色勾勒着云纹图案，体现出鲜明的民族特色和地方特色。

内蒙古赛马场是亚洲最大的赛马场，并已成为世界著名的主要赛马场之一。1959年在这里举办过第一届全国运动会的赛马、马球等项目比赛。1982年，全国少数民族运动会中的赛马、赛驼等比赛项目均在这里举行。2007年，成功举办了内蒙古第十五届国际马术比赛。2016年和2017年成功举办了第三、第四届内蒙古（国际）马术节。

赛马场建成之后，积极承担了自治区内外各种马术、赛马活动及比赛任务。全国少数民族运动会，为庆祝内蒙古自治区成立三十、四十、五十周年举办的马术、马球、赛马等大型表演比赛都在这里举行。此外，还经常在该地为外国贵宾举办专场演出，法国马术队、巴基斯坦马术队曾在此进行过精彩的表演。如今的赛马场拥有可容纳两万名观众的主席台和观礼台，各项比赛配备齐全，达到了国际赛马场的标准。

对于中华人民共和国成立后呼和浩特市赛马场体育文化，口述者们这样回忆：

"（B-ZX-1）当时的自治区四十年大庆在赛马场里举办，我们参加了开幕式表演，呼和浩特市各个学校基本都参加进来了，分配了任务。"

"（C-LJY-2）那时候每隔两年都有一次全国性的赛马比赛，就在大青山脚下，有来自全国各地的参赛者，场地占地面积很大，现在呼和浩特市赛马场跟以前的赛马场位置不一样了，这个是后来盖的。过去呼和浩特市的人很少能出自治区，能在本地见到全国各地的选手和大马真的很难得，马被训练得很听话，可以跟着音乐跳舞，是专门为了马术表演而训练的马，不是我们平时见到的那种马，表演马很精致、油光发亮，都是从当时苏联进口的马，身上一点多余的肉都没有，十分精干，所以我小时候十分喜欢看马术表演。赛马有障碍，一圈下来有高高低低、弯弯曲曲的各种障碍，马的舞蹈项目很多。我最晚见到赛马是1990年，来咱们呼和浩特市赛马，那种场面让市民非常兴奋。"

"（D-SJ-1）呼和浩特市的赛马场规模挺大，但是一直没有好好进行系统管理，现在比以前改善了很多，但是每年冬天也是在那块开展的冰雪场地。呼和浩特市以前在赛马场举办过那达慕大会，之前也有蒙古国来呼和浩特市交流，但已经是很久远的事了，现在赛马场组织的大型比赛也不多。"

"（E-CLBTE-1）当时呼和浩特市举办的赛马比赛还挺多的，差不多一两年就举办一次，呼和浩特市举办或者内蒙古举办的赛马比赛都是在赛马场。"

"（F-HTY-1）赛马场在1991年举行了全国民运会的马术比赛，全国少数民族运动会的马术项目在内蒙古举行，我还去现场看过，第一次在现场看新疆的代表队进行叼羊比赛的表演，还有内蒙古的马上竞技表演，就是马上杂技，这也是内蒙古马术队的一个特色项目。

除了民运会马术比赛之外，那年还在赛马场举行过一次亚洲最大的那达慕比赛，那达慕的一个分会场是在体育场，也是同一年，那时应该是赛马场最有存在感的一年，在后来赛马场很少开放了，一般都是内蒙马术队在那边训练。也就是在这些年，内蒙古开始搞马产业、马文化、赛马场，那边现在有马术俱乐部，也对社会开放，大家可以去进行一些马术的体验和培训。"

三、内蒙古体育馆

内蒙古自治区体育馆于 2007 年建成并投入使用，是自治区成立 60 周年"三大重点工程之一"，也是呼和浩特市标志性建筑。2017 年更名为"内蒙古自治区全民健身服务中心"，并加挂"内蒙古自治区体育馆"的牌子，2021年，根据事业单位机构改革，体育馆并入新组建的"内蒙古体育场馆服务中心"，此服务中心是自治区体育局直属正处级公益二类事业单位。场馆位于呼和浩特市新城区，以所属地命名，建成的主要功能是用于举办各种体育竞技活动。

"天时人事日相催，冬至阳生春又来"，不知不觉间，内蒙古自治区体育馆已走过了十几个春秋。从运行之初的空旷场馆，到现在逐渐成为内蒙古自治区规模最大、功能最全、设备最先进的综合性室内体育场馆，倾注了自治区党委、政府及社会各界的力量，饱含了全体干部职工的辛勤汗水，见证了呼和浩特市经济社会发展的变迁和广大群众对美好生活的追求，承载了草原儿女"顽强拼搏、超越自我"的梦想，担负了"全民健身，健康中国"的使命，为祖国北疆体育这道靓丽风景线增添了生机和活力。

全民健身服务中心的总占地面积为 7.8 万平方米，是目前自治区内规模最大的综合性室内体育场馆，由"一核四翼"组成，即一个容纳 6000 多名观众的体育馆主场馆和羽毛球馆、乒乓球馆、篮球馆、综合馆四个附属场馆，场馆设备先进、功能齐全、环境舒适，不仅是全民健身的理想场所，而且也是举办国际国内体育赛事、文艺演出、庆典集会的最佳场馆。十几年来，为发展自治区体育事业、完善首府城市功能、提供公共体育服务发挥了至关重要的作用。

自建馆以来，全民健身服务中心着力提升场馆的运营管理能力和公共服务水平，积极改善场地配套设施设备，努力适应新时代举办大型活动的需求，充分发挥大型室内场馆的功能和作用，累计举办了政治活动、体育赛事、文艺演出 300 余场，接待了 260 余万名观众，并实现了"零事故"运行。不仅助力自治区体育事业蓬勃发展，而且为广大群众提供了丰富多样、高雅别致、弘扬正气的文艺活动。

多年以来，中心始终贯彻落实国家和自治区关于大型公共体育场馆免费、低收费开放的政策，将公益性、社会性放在首位，充分发挥场馆服务大众的作用，广泛开展全民健身活动。全年面向社会开放 360 天以上，其中免费开放 63 天，每天开放 12 小时以上，室外场地全年免费对外开放，同时提供免费体质检测和健康指导。场馆坚持"以人民为中心"的发展思想，积极倡导"家庭式健康"理念，目前开设了球类、健身、击剑、跆拳道、小轮车等成人和儿童健身项目共 12 项，不断满足广大人民群众日益增长的多元化体育健身需求，使人民群众在体育活动中更有参与感、幸福感和获得感。

四、呼和浩特市体育场

呼和浩特市体育场位于呼和浩特市新城区，成吉思汗大街和市气象局西路交汇处，于 2007 年竣工，以建筑功能和属地命名，是内蒙古自治区最为宏伟的设施之一，同时也是呼和浩特市的一个地标性建筑。体育场占地面积 12.19 万平方米，建筑面积 5.77 万平方米。场馆分四层看台，共 5.16 万个座位。场内有 400 米环形塑胶跑道，宽 1.2 米的 8 条标准跑道，以及跳远、三级跳远、跳高、铅球、铁饼、链球、标枪、撑竿跳等比赛场地。足球场地为 105×68 米的天然草坪（标准场地），可用于承办各种大型运动会、国际类足球赛及大型文艺演出、演唱会，等等。

体育场下部采用框架结构，罩棚部分采用钢架结构。框架结构高耸挺拔，充满力量，象征着蒙古族坚强的个性和粗犷的精神。东西罩棚用 18 根象征成吉思汗神矛的钢柱悬挑空中，展示出雄鹰展翅高飞的宏达气质。

2009 年 9 月，中国国家足球队在呼和浩特市体育场与博茨瓦纳国家足球队进行热身赛。2012 年，呼和浩特市东进足球队把呼和浩特市体育场作为主场进行了 2012 中国足球甲级联赛。2013 年 6 月，呼和浩特市体育场举办中国队国际友谊赛，参赛双方为中国队和乌兹别克斯坦队。2014 年 8 月 8 日，"谁是球王"中国足球民间争霸赛内蒙古呼和浩特市赛区比赛在呼和浩特市体育场开赛，比赛采用"笼式足球"的方式，吸引了多支民间球队参加。2015 年，呼和浩特市中优足球队把呼和浩特市体育场作为主场进行了 2015 年中国甲级联赛。

五、青城公园

青城公园始建于 1931 年，位于呼和浩特市中心，因以卧龙岗和老龙潭为主要景点而建，故被称为"龙泉公园"。1949 年，绥远省和平解放后，对公园进行了扩建并重新命名为"人民公园"。1952 年 9 月起，该公园正式对游人开放。1977 年 6 月，为突出自治区首府公园的特点，又把"人民公园"更名为"青城公园"，该名称一直沿用至今。2003 年 9 月，公园开始正式免费对群众开放。目前，青城公园已发展成为开放性城市综合公园，被誉作呼和浩特市主城区的天然"绿肺"，总面积约 46 万公顷。公园内建有多处娱乐设施，如摩天轮、过山车、碰碰车等；纪念区内矗立着由毛主席同志书写的"烈士们永垂不朽"人民英雄纪念碑；公园南门入口处有一大片空地，每天上午，群众在这里自发组织跳广场舞和唱红歌等活动，日参与人数多达数百人。公园内游客众多，人们大多在早晨和傍晚两个时间段来公园锻炼，参与的体育活动形式多样，有打冰陀螺、打乒乓球、踢毽子、踢毽球、打太极、滑冰、跳广场舞，等等。滑冰是青城公园内每日参与人数最多的体育项目，每年冬天，因气温严寒而冰封湖面后，这里就形成了天然的大型滑冰场。冰场免费向社会开放，租鞋和租滑冰车等则另外收取低价费用。因公园内室外冰场是由天然湖面冰封形成的，当滑冰人数增加后，不可避免地会给冰场带来破坏。加之冬天室外温度骤降，表层冰面极易裂开，所以湖面平整度不高，速滑过程中可能会出现危险，因而需要限制运动人数以保障滑冰运动的安全开展。青城公园为呼和浩特市群众参与体育活动提供了良好的场地条件，大大促进了呼和浩特市冰雪项目的发展，但在场地开放过程中存在一些问题，需要加以把控。

对于呼和浩特市青城公园群众体育文化，苏军老师这样回忆：

"（D-SJ-1）呼和浩特市最早的群众活动场所就是青城公园，青城公园和满都海公园的冰面不太好，主要是由于天气原因，没有及时浇冰，水补充得不够，时间长了冰就裂开了，冰缝多，平整度就不好，公园有的地方冰缝大，群众滑冰可能卡住，造成伤害。"

六、满都海公园

"满都海"来自蒙古族一位女政治家的名字，其汉语意思为昌盛。满都海公园始建于一九七三年，经过三十二年的不断改建，最终成为呼和浩特市一处极具魅力的群众休闲佳境。整个公园环境优美，有山有水，园内处处有灯，即使在晚上也灯火通明，是一处极佳的体育锻炼场所。园内设有休闲广场、儿童游乐设施、群众健身区、乒乓球场、象棋亭等，吸引着生活在附近的群众来公园进行体育锻炼以及休闲活动。

每年盛夏茶余饭后，人们喜欢相约来到休闲广场，跟随着音乐的节奏跳交谊舞。即使是在腊月寒冬，零下二十摄氏度的天气依然无法阻挡群众参加体育活动的热情，他们在公园内自由地挑选地方，选择自己喜欢的体育项目进行跟队或单练，体育项目种类很多，有太极拳、交谊舞、乒乓球、广场舞、羽毛球、滑冰，等等。园内的体育锻炼器械场地以湖中心为分界线，分为东、西两部分。民众采用不同的锻炼方法，使用各类器械尽情地参与体育活动来放松身心、呼吸新鲜空气、提高身体素质。来满都海公园进行体育锻炼的老年人，最简单、普遍的活动方式就是走路和跑步，他们以公园最外围小路为跑道，结伴快走或者快跑数圈后，来到群众体育健身区进行各种拉伸和放松，以提高身体灵活性和柔韧性，缓解各种慢性疾病。每天到公园参与太极拳运动的大概有二十人，活动形式主要以单练为主，大多数人选择独自在公园的一角练习。通过对这些太极拳爱好者进行访谈后发现，太极拳练习时长少于两年的人数较少，大多数人的练习时长集中在五至十年左右，公园内大型的太极拳练习文化还未形成。园内乒乓球场地不大，共设有十台乒乓球桌，无法满足群众日常的乒乓球参与需求，几乎每个球台都是三、四个人轮流上场，可见呼和浩特市民众对乒乓球运动十分热情。公园内参与体育锻炼的人群中老年人偏多、中年人次之、青少年几乎没有。尽管体育活动种类五花八门，但是只有交谊舞形成了有组织、有纪律、成熟的体育运动群体，这项运动的日常参与人数在百人以上，甚至到了在场边安排保安以保证日常锻炼正常进行的地步。

对于呼和浩特市满都海公园体育文化，刘家玉老师和苏军老师这样回忆：

"（C-LJY-2）我一直就在满都海公园锻炼，因为家离得比较近。满都海现在参加体育运动的人比过去多得多了，参加健步走的市民很多，每天都有很多人来这里跳交谊舞，还有东边的乒乓球场，我每天下午路过的时候，里面人都是满满的。"

"（D-SJ-1）满都海公园一开始是和内蒙古大学一块的，小时候我经常去内蒙古大学里面玩，公园里的游乐设施是划船。那时候还不会游泳，划船的时候就怕翻过去，因为当时满都海跟地下河道是相通的。后来治理河道，水才不深了。我刚毕业那会,满都海公园也开过游泳池,后来游泳池关闭了。以前都是室外泳池,现在都是室内的了。现在天冷了也有人开始在里头滑冰,有的家长买那种冰车,或者自己做那种冰车带孩子们去玩。"

中华人民共和国成立后,随着经济、文化、体育事业的快速发展,呼和浩特市的体育运动场地从无到有、从小到大,发展十分迅速。据呼和浩特市2019年第四次体育场地调查统计报告显示,全市体育场地总数3253个,户外运动场地12个(其中包括3个硬地、3个攀岩场、2个滑雪场、1个冰球馆、2个滑冰馆、1个滑冰场),大型体育场2座,标准体育场13个,田径馆2个,田径场地85个,体育馆19个,注册室内游泳馆22个,笼式足球场地682片,体育场地面积490万平方米,人均体育面积达到1.57平方米,达到国家平均水平。呼和浩特市体育场地的不断增加,助力了体育事业均衡健康发展。

(数据来源:呼和浩特市年鉴)

呼和浩特市体育场馆设施总体处于稳步建设中,大型综合体育场馆数量不断增多,基本满足承办自治区比赛以及全国赛事的要求。体育活动场地的数量、种类、规模都呈现大幅增长,现代化场地设施遍布市民生活圈。学校场地、公园广场经不断改建后,教学设施和大众健身器材配置有了很大改善。市内部分大学体育场馆免费向社会开放。

第二节　体育器械

体育器械大多来源于日常生产劳动和简易生存武器中，如现代竞技运动中的标枪和弓箭，既是古人狩猎时的必要工具，也是古代士兵参战时的必要武器，经过不断演变，成为了现代投掷项目和射箭运动的比赛器械。以刀、枪、棍、棒为代表的中国传统民间体育器械，也是由古代的各种兵器演变而来的。

体育运动器械是学校体育教学、竞技体育比赛和群众健身锻炼时需使用到的各种器具、装备及用品的总称。体育运动器械是体育活动中的重要一环，与体育运动有着密切的关系，彼此之间相互依托、相互影响、相互促进。随着经济和科学水平的提高，体育运动项目的不断普及以及发展的多样性，体育运动器材的种类和构造都得到了发展。质量优等、性能稳定、科学安全的体育器械可以保证在学校体育教学、群众体育锻炼和竞技比赛中有效避免运动损伤，科学提高运动技能，助力运动员取得理想竞赛成绩。

一、学校体育器械和竞技体育器械

体育器材是学校体育教学活动得以顺利开展的基础，也是体育竞赛取得优胜的重要保障。配备并合理利用先进科学的运动器械，可以有效增强身体素质、提高运动技能表现、传承体育文化精神，是当前呼和浩特市各级学校体育教学过程中各种体育器械使用价值得以展示的关键。

学校体育活动与竞技体育活动关系密切，都是体育活动的重要组成部分。两者虽有不同的运动目的、任务和功能，但又存在一定的必然联系。一方面，学校体育教育的科学开展可以有效发掘体育人才，为竞技体育赛场输送新鲜血液，竞技体育赛场退役的优秀运动员也可以返回学校继续教授体育知识，发挥自身价值。另一方面，学校体育教学所开展的内容是竞技体育的缩影，因此，学校体育教学和竞技体育是相互联系并相互依存的，并且，无论是学校体育教学还是运动竞赛都离不开可靠的物质条件作为基础。

随着时代的进步，学校体育教学内容不断丰富，各类新式体育器械开始出现在校园的各个角落。

例如，20世纪50年代在呼和浩特市开始兴起的篮球运动。篮球是由美国国际训练教师詹姆斯·奈史密斯偶然发明的。当地盛产桃子，儿童们喜欢将球投入远处的桃子筐中，这逐渐成为一种日常游戏。奈斯密斯观察到这个现象后，经过不断改良，发明了篮球运动，之后篮球风靡全球，成为奥运会的核心比赛项目之一。

排球项目的诞生是建立在篮球发展基础之上的。由于篮球运动较为剧烈，负荷较大，并不适合所有年龄段的人群参与，于是人们开始尝试将篮球内胆取出，使之变成一种新型器械——排球。排球活动以网球场为场地，经过不断发展，人们对此项活动做出了规则限定，主要采取回、传、垫的方式，且根据传球、垫球、扣球等技术动作及打球时所产生的力学要求，结合网球场地特点，研发出排球项目。如今，排球项目已经成为全球三大球运动之一，且在各个国家中小学广泛开展。

再比如起跑器，它的诞生起初是为了提高田径竞赛项目中竞赛成绩评判的准确度。最初的跑步项目是人们在终点处固定一根长绳子，率先触碰绳子的比赛选手为比赛优胜者。这种比赛组织形式仅凭人类肉眼就可以直观评判竞赛名次，误差较小，但如何限定起跑反应时间，保证所有参赛选手公平竞技，避免违规抢跑情况的发生成为了难题，人们希望研发一种能够检测起跑时间的器械来判断运动员是否有犯规行为。随着传感器技术出现并应用于体育领域，人们研发出了起跑器。此后，田径竞赛项目中竞技成绩的评判更加科学化，由此促进了体育项目的发展。

对呼和浩特市学校体育器械和竞技体育器械发展情况，口述者们这样回忆：

"（A-HBS-1）我上中学的时候打乒乓球用的都是直板，现在规则和技术动作不断改进，大家都改用横板了。当时在学校里，大家都喜欢踢球，我一直都是守门员。最早的时候，我们的踢球装备比较简单，而且还是在土场地踢球。为了尽可能避免踢球过程中受伤的情况，我们戴一些简单的护具，那时候护腿板不是现在这种塑料的，都是竹子板和毛皮做的。最早我们用来滑冰的器械十分简单，就是一个长条木板，在下面绑两根铁丝，把铁丝弯上来固定好，有的技术好的只绑一根，脚套在上面。现在大部分都是用冰球刀滑冰。

学校里还有秋千，学生们在课余时间经常玩，结构也很简单，就是底下有一根铁棍，两边是铁链子连接的。那时候秋千还是脚踩的，没有坐的地方。秋千荡起来就几乎和杆子垂直了，小孩子胆子大，也不怕摔下来受伤，就想着好玩。秋千属于一个大联合器械的一部分，旁边还有一个可以攀爬的云梯，跟现在的梯子差不多；难度再大一些的是一个上方链接铁圆环，系绳垂直向下的木棍；一个是上方固定垂直向下的麻绳，离地大概五十厘米，这些都可以攀爬。顺着云梯爬上去，旁边还有一个滑梯，跟现在中间都是木板和塑料、坐着滑的滑梯不一样，当时是从两边爬上去，有一个可供站立的小平台，中间是空的，两边是两根空心铁管，把两条腿搭在上面，然后往下滑，下面有个缓冲的沙地。那个器械比较大，现在已经消失了。那时候学校里还有一些类似于飞行员的那种旋转的器械，这些单双杠器械平时也可以用来加强体操技术，锻炼平衡能力。这些器械上课用得少，都是学生们课余时间玩，大部分都在中学和大学校园里，现在呼和浩特市学校里都没有这些了。"

"（B-ZX-1）上小学的时候打乒乓球，都是在课间把课桌拼一下，铅笔盒直接立在中间，每人拿拍子抽空打几回合。现在，打篮球和踢足球都要带好多装备，更加先进科学。但是穿脱起来很麻烦，比较消耗时间，无形中占用了活动时间，再加上充分的热身活动，真正踢球和打球的时间不多。现在大家的消费水平都高了，有的孩子买滑冰装备要花很多钱，安全方面的保障有了很大提升，冰场上能看到很多小朋友练习，总体来说是个好事。"

"（C-LJY-2）最早打羽毛球是用三合板做的拍子打那种板球，声音非常大，同学们就下课玩几分钟。我记得当时在学校里有一种大型器械，在公园里头很少见。那个器械是很宽的，下面有两个支架，特别结实。上面是秋千，可以踩梯子上去，旁边还有滑梯。我小时候和爸爸妈妈住在农业学校，那时候学校里就有，那个器械很大，一边是滑梯，另一边是秋千，还有一根绳、一个梯子。我们那时候很勇敢，孩子们玩秋千荡得很高，挺危险的，但是感觉特别刺激好玩。秋千不光一个人玩，还可以带人一起，前面人坐着，后面人站在秋千上。秋千是铁做的，又宽又高，十分结实，也玩不坏，现在公园里的秋千比以前小了很多。"

"（D-SJ-1）过去我读书的时候，哪有塑胶跑道。初中和高中都是炉渣灰跑道，炉渣灰跑道多少年了，被踩得也比较平坦了，但是跟现在学校操场的塑胶跑道根本没法比，在弹性和跑起来的感觉等方面区别还是很大的。田径跑鞋和冰鞋都发生很大变化，现在冰鞋都是新型材质做的了。跑鞋当时是皮底子、死钉子做的，钉子都非常长，抓力很好。当时我在二中训练，跨栏那个起跑器还是分体的，每次都要提前量好间距，拿锤子把很长一个钢钉钉到地里固定，起跑器尾部有一个插地，拔起来以后可以调整倾斜角度。现在起跑器是卡扣式的了，过去是后面有一排空眼，越往后面角度越缓，特别明显。现在都改成塑胶跑道了，钉鞋的钉子也都很短。时代在不断进步，体育场地和材质也都不一样了，变得更加科学和先进了。

当时的篮球场都是土场地，打一场篮球一身土，而且场地平整度也不太好。战争年代，国家体委主任贺龙喜欢打篮球，那会篮球场地面都是压出来的，后来，好一点的篮球场地都是水泥和沥青的了。现在的篮球场基本都是塑胶和网格垫子的那种。

当时二中有乒乓球台，是水泥做的，上面立上砖当做网，那个年代，大家为了打乒乓球，都翻墙进二中校园。现在室外乒乓球台都是铁网的，比当时的条件设施好多了，但是热情和氛围是不如以前的，以前没有乒乓球台，课间休息的时候，在教室里把课桌对起来，中间立一个文具盒，拿牌子打乒乓球。"

"（E-CLBTE-1）现在国家早就规定了篮球和排球的标准重量，我们那时候，篮球和排球的外观跟现在差不多。那会学校里还有一个专门补球的老师，球类器械坏了就补一下，补的多了，有的地方难免会鼓起来，球也就不圆了，导致运球的时候都不太好控制方向。那时候的体院一年经费才一万多块钱，不像现在这样，一上球类课，每个学生都有球。以前一个班二十人，最多只有四五个球，当时大家都是相对而站，一个球互相传来传去。"

近年来，呼和浩特市各级学校积极响应国家政策号召，发展校园体育文化，为学生增配新式体育器械，希望通过器械激发同学们参与体育活动的积极性、培养学生参与体育锻炼的意识和自觉性、提高学生的身体素质和运动技能。其中，为中小学配备的体育器械更多一些，其目的是从小培养学生的运动习惯，传承中华民族优秀的体育文化。

目前，呼和浩特市很多中小学在体育课、课余体育活动和体育竞赛中已逐渐开始应用各类器械，以积极良好的体育活动氛围吸引更多的学生群体主动地参与到体育活动之中来。

二、群众体育器械

从解放初期国家强调开展"群众性体育运动"，到今天的"全民健身活动"，这是中国体育事业历史性的跨越，反映出我国社会和广大民众对体育事业的无限热爱和执着追求，大众的体育文化思想水平和诉求已发生了根本性变化。一个民族的体质健康状况，是一个国家综合实力的重要体现。早在古代，斯巴达人就曾有"人民的身体、青年的胸膛，便是我们的国防"这样的名言。

随着我国第一个百年奋斗目标的顺利完成，呼和浩特市政府部门响应国家号召，认真贯彻执行中央在新时代背景下制定的体育法律法规，呼和浩特市群众体育文化在 21 世纪后飞速发展，群众体育活动正在呼和浩特市各地如火如荼地开展，呼和浩特市的人民搭乘时代的红利，体育素质和体育思想不断提高，普通大众较之前任何一个历史阶段都更加追求身体健康的和运动的乐趣。从公园到体育场，甚至社区空地，到处都有进行体育锻炼的人，"体育健身运动"已逐渐变成呼和浩特市大众健康的代名词，成为时尚和潮流的化身。

2008 年北京奥运会之后，全面健身的热潮空前高涨，拥有一个健康的身体已经成为人们的共识。呼和浩特市政府从多方面支持民众体育健身事业，给予了大量的物质和精神方面的帮助，除通过电视、网络、报纸等媒介宣传运动以外，还将健身引入社区，将健身器材安置到大型公园和社区，使更多的百姓能够自由、便捷、免费享受丰富的健身活动，充分感受体育锻炼带来的诸多益处。

在实地走访多个大型公园后可以发现，目前呼和浩特市群众体育锻炼的常用器械种类多样，公园内陈设的群众健身器材使用率较高，其中老年人占比明显高于其他年龄段的锻炼者。通过与公园内锻炼水平高、锻炼习惯好的老人交流后发现，他们使用群众健身器械的目的非常简单，大多是由于年事已高，身体出现了或多或少的问题，如体质弱、关节不灵活等，想要通过使用群众体育器械来达到放松肌肉、提高身体各部位灵活性、提高免疫力、抵抗疾病的目的。

对于呼和浩特市群众体育器械发展情况，刘老师和苏老师这样回忆：

"（C-LJY-2）经常健步走的人会使用群众体育器械，对他们来说是非常有用的。尤其是早上，公园里健步走的人特别多，大家走累了，根据个人爱好使用这些器械放松筋骨，做做动作，能达到良好的身体锻炼效果。群众活动器械发展了几十年，形式已经太多了，能满足群众自身多样化的锻炼需求。

那会空地多，有很多人抽毛猴（冰陀螺），在家里或公园空地没事玩一下。现在的毛猴都变成不锈钢的了，比较大；以前的毛猴儿都是木头做的，圆锥状的，拿个鞭子抽打。还有一个是滚铁环，都是自己做的，就是用一个铁钩推着铁环走，技术高的推起来，那个铁环不会倒。那时候小孩子能玩的东西不少，现在的孩子们都玩电脑、看手机，那时候没这些，孩子们身体可好了，眼睛也好。最早的时候打乒乓球，是用砖砌起来的一个平台，在中间垒几个砖头打，那个我觉得打起来没有意思。后来退休以后，在工作单位有一些乒乓球案子，都是自己有兴趣了玩一玩。当时也踢毛键儿，都是自己做的。过去家家都养鸡，杀了以后，拿那个最好看的鸡毛做毛键。过去有那种古代的铜钱，自己弄个布片，扎起来也能做。那个挺好玩的，大家都是自己做的，有各种各样的花色。"

"（D-SJ-1）以前大家游泳的装备很简单，几乎没人有泳镜，水里头有漂白粉，游完泳眼睛都成红色的了，由于这个水质问题，当时还有很多人因为游泳得了红眼病。当时穿个紧绷地掉不下来的裤子，就成泳裤了，穿专业泳裤游泳的特别少，没有那么好的条件买游泳裤。

呼和浩特市的滑冰运动是由一部分会滑冰的人带动起来的。当时学校里开展冰课，学校自己泼冰场，给学生发鞋。当时的冰鞋是花样冰鞋，花刀前面有尺，对没掌握八字蹬冰技术的初学者是有帮助的。花刀较厚，支撑面较大，所以稳定性也好。如果踝关节力量不足的话，是不容易掌握跑刀的。那时候在冰场里滑冰，有那种滑得特别好的，我们叫做"冰匪"，他们会做一些高难度的动作，用速滑刀能滑出球刀的效果。冰刀弧度大，是打冰球用的，更灵活一些；速滑刀速度那么快，他们滑起来仍然可以做动作，这些都是常年滑冰造就的功底，普通人根本追也追不住。"

随着全民健身的不断普及，呼和浩特市人民的身体综合素质得到提高，体育活动丰富了广大人民的业余文化生活，促进了社区精神文明建设。如今，体育运动已成为呼和浩特市老百姓的一种习惯，成为日常生活中必不可少的一个环节。

第十章 结论与建议

第一节 结论

呼和浩特城市体育文化变迁在"人""事""物"三方面都呈现出鲜明的时代特点。体育人口不断扩大、体育场馆设施日益完善、学校体育内容越来越丰富、体育文化产业逐渐繁荣、体育文化的积淀也越来越深厚，呈现出百花齐放的多元格局。

在国家政策、多民族相互融合、重大体育赛事、主流媒体等因素影响下，呼和浩特市传统体育文化逐渐发展成以乐观、勇敢、拼搏、创新为主题的"新城市体育文化基因"，在吸收现代体育文化精粹的同时，也引领带动了自治区其他盟、市、县、旗体育文化的发展。

通过访谈可以发现，呼和浩特在当代历史上有着深厚的群众体育根基和丰富的体育文化生活。中小学校曾长期开设滑冰课，滑冰一度在呼和浩特市民中广泛流行。即便是在经济不够发达、物质条件相对贫瘠的年代，人们的体育热情也并没有因物资匮乏而削减。

社会记忆以个体记忆为基础而得以呈现，个体记忆又依存于社会框架而存在。个体记忆与现存历史文献都可以反映出一定的历史事件，但个体记忆更为细腻，富含细节和主观情绪，能够更为生动形象地反映历史。

本研究的口述访谈文本片段串联起了呼和浩特体育文化发展史的重要内容，由每位口述者的个体记录汇集而形成的集体记忆构成了呼和浩特体育文化变迁史中最为鲜活生动的部分，成为研究地方体育文化与地方体育变迁史非常重要的素材，但这方面的记录与研究工作目前还未得到研究者和相关机构的重视。

当下对体育口述史的研究多聚焦于体育名人、官方认定的非遗传承人，缺乏普通民众的视角。平凡人的体育故事呈现出与新闻报道、档案记录中截然不同的细节，亲历呼和浩特体育文化变迁的口述者对自己经历过的体育人生、体育道路有着非常深刻的记忆，每个人从不同的侧面回顾呼和浩特体育文化的发展变迁。普通人的体育记忆同样值得被记录、被收藏、被怀念，它们是关乎一座城市记忆的最为宝贵的资料。

无论是个体记忆还是集体记忆，其载体都是人，人的生命是有限的。本研究在寻找和确定口述访谈对象的过程中发现，承载个体记忆时间跨度越大的口述者年龄越大，随着口述者阅历的丰富、年龄的增长、职业的变迁，部分记忆会出现模糊、错误或遗忘。随着个体生命的消失，呼和浩特这座城市的体育记忆也会完全消失，因此，对城市体育个体记忆展开抢救性记录与挖掘工作十分必要。

第二节　研究不足之处

受各种主、客观因素的影响，本研究仍存在以下不足：

（1）档案、年鉴、报纸、书籍等文献资料与个体记忆的口述史料是同时依附于社会框架而存在的两个方面。在研究地区体育文化发展中，应以文献资料为枝干，以口述史料为枝叶，两者相互求证，相辅相成。需要注意的是，有些检索到的文献资料并不完全可信，除去社会个人撰写的文献资料外，有些官方记载的文献资料也可能因视角不同导致内容出现偏差，对此类文献资料的使用需要从多方谨慎求证。

（2）尽管开展口述史研究时已提前制定相对严密的计划，但在实际开展过程中，受时间、经费、社会环境、个人能力、口述对象以及口述史研究本身的局限性影响，仍有大量有价值、拥有丰富记忆、热爱体育文化的人群的口述未能收录其中，所呈现的呼和浩特市体育文化发展历程还不够全面。今后从事口述史研究时，在设置科学紧密的口述史访谈计划的前提下，要着重注意访谈对象的代表性和全面性，口述史料和文献资料的相互佐证，口述史料的价值最大化等问题，以便进行更全面、更深入的研究。

（3）由于个人知识、观念、年龄、时间、职业等原因，口述者对过往历史的回忆很难做到完全准确，甚至有可能出现错误，因此对整理得到的口述史料文本不能照本宣科，应经多次、多方求证后才能形成结论。此外，在开展口述史研究的过程中，必须佐以可靠的文本资料，以确保研究内容的真实性。

（4）口述史料能够反映一部分真实的历史内容，是文献资料的必要补充。但口述史料文本可能因掺杂着口述者的个人情感和经历而导致内容偏向主观性。由于受访者无法预估个人情感以及无法对个人情绪进行完全控制，因此访谈人在访谈过程中需具备熟练的访谈技巧，否则将会影响口述记录的效果。本研究采用口述式研究法和社会记忆的相关理论对体育文化进行分析，并采用樊炳有教授提出的城市体育文化框架进行研究，研究的理论性有待扩展，希望在下一步研究中能够增加理论的深度。

（5）开展口述史访谈的过程中由于受时间影响，在研究后期通常使用微信和电话联系的方式进行口述资料整理、信息二次确认、关键内容补充等环节。在搜集口述史料的过程中，应尽量全程采用线下面对面的方式进行交流，在合理引导下对所研究问题进行更加深入、更加理性的探讨。

第三节 后续研究建议

研究者与体育管理部门要充分重视地方体育史与体育文化变迁的研究，从微观史学的层面关注地方体育文化的发展历程，着重对地方体育史中积淀的文化要素进行挖掘、整理和提炼，建立完整鲜活的地方体育文化变迁史档案。

历史真正的推动者和建构者是人民群众，体育事业的发展也需要依靠群众的力量。因此，建议在体育口述史研究中增加广大人民群众的视角，多关注未名人士的体育经历和体育记忆，充分挖掘普通民众的体育人生和体育故事，了解他们眼中的体育发展变迁历程。

尽快启动体育口述史抢救记录工程。关于城市体育历史的记忆会随着亲历者年龄的增长、记忆的模糊，甚至生命的消逝就此消失，应做好体育文化记忆的抢救性保护与记录工作，到民间寻找对城市体育有着深刻记忆和深厚感情的体育未名人士，对其展开口述访谈与记录。

附　录

一、访谈提纲——呼和浩特市体育文化变迁的口述史研究

口述主题：呼和浩特市体育文化

您的年龄：＿＿＿＿＿＿　民族：＿＿＿＿＿＿　职业：＿＿＿＿＿＿　文化程度：＿＿＿＿

请您从以下几方面对呼和浩特市体育文化展开回忆叙述：

1. 您最初的体育经历或记忆是什么时候开始的？是做什么的？

2. 在您的学生时代，学校体育文化是怎么样的？

（小、中、大学体育课内容、课余体育活动、体育教师）

3. 在您记忆中，不同社会背景下呼和浩特市群众体育文化发展呈现哪些特点，分哪些阶段。

（运动项目——兴起社会背景、项目类型、时间、群众锻炼方式）

（体育参与——参与群体特征、锻炼时间、积极性、运动习惯）

4. 您对呼和浩特市举办的体育赛事有哪些记忆？

5. 呼和浩特市哪些体育场所给您的印象非常深刻？有哪些在其中锻炼或者比赛的经历？

（运动场所——公园、体育场、游泳馆、冰场、马场等，地点、特点、变化）

6. 在您记忆中，以前学校/群众/竞技类体育活动器械与现在有哪些改变？

（运动器材——材质、名称、质量、使用特点）

7. 您认为目前制约呼和浩特市体育文化发展的因素是什么？有哪些建议？

二、访谈图片

图1　内蒙古农业大学冰场现状（作者拍摄于2021年12月）

图2　青城公园冰场内的冰上自行车（作者拍摄于2021年12月）

图 3　群众的自制小冰车（作者拍摄于 2021 年 12 月）

图 4　青城公园南门广场舞（作者拍摄于 2021 年 12 月）

图 5　满都海公园交谊舞（作者拍摄于 2021 年 12 月）

图 6　青城公园内市民在踢毽球（作者拍摄于 2021 年 12 月）

图 7　内蒙古赛马场（作者拍摄于 2021 年 12 月）

图 8　内蒙古呼和浩特市体育场（作者拍摄于 2021 年 12 月）

图 9　80 年代呼和浩特游泳池俯瞰

图 10　在青城公园打冰陀螺的人们（作者拍摄于 2021 年 12 月）

图 11　满都海公园内乒乓球场　（作者拍摄于 2021 年 12 月）

图 12　满都海公园的室外冰场（作者拍摄于 2021 年 12 月）

图 13　进入游泳池必备的游泳证背面（由口述者提供）

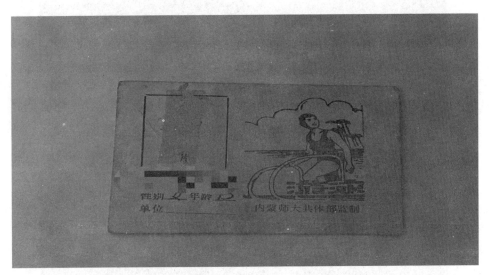

图 14　进入游泳池必备的游泳证正面（由口述者提供）

图 15　内蒙古农业大学冰场（由口述者提供，拍摄于 1988 年冬）

图 16　内蒙古农业大学冰场（由口述者提供，拍摄于 1990 年冬）

图 17　呼和浩特游泳池（由口述者提供，大约拍摄于 1989 年夏天）

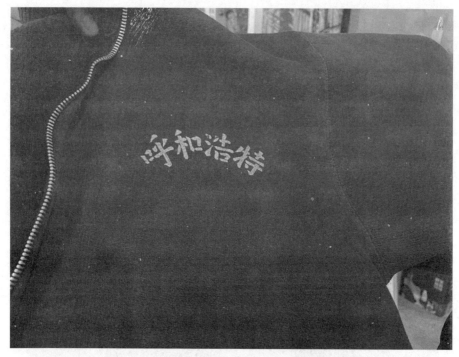

图18　呼和浩特足球队运动服（由口述者提供）

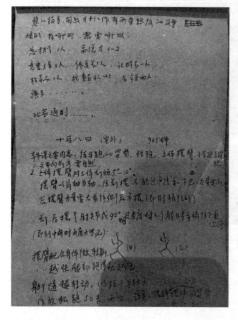
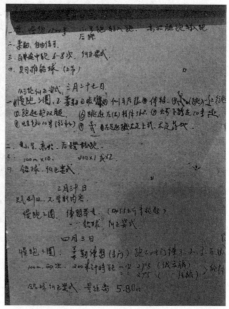

图19　口述者在内蒙古师范学院体育系上学时的笔记手稿（由口述者提供）

参考文献

[1]黄汉升.体育科学研究方法（第三版）.高等教育出版社，2015:180.

[2]（法）哈布瓦赫.论集体记忆[M].毕然，郭金华译.上海：上海人民出版社，2002.

[3]保罗·康纳顿.社会如何记忆[M].纳日碧力戈译.上海：上海人民出版社，2000:20.

[4]陈忻，房小可，孙鸣蕾.我国社会记忆构建研究综述[J].兰台世界，2021(01):46-50+45.

[5]刘雅宁，梁民愫.底层社会视野与封建主义研究——罗德尼·希尔顿史学思想探论[J].江西师范大学学报，2006(06):24-29.

[6]周阳.注重"自下而上"看历史 [N].人民日报，2017-11-13(16).

[7]ginzburt C. clues: Roots of a Scientific Paradigm[J].The- pry and Society，1979（3） : 22-24.

[8]薛真真.档案与社会记忆构建[J].档案管理，2006(02):34-36.

[9]张锦.构建全民记忆的挪亚方舟：英国档案系统社会融入计划思考[J].档案学研究，2007(03):53-56.（3）

[10]卫奕.论档案编研与社会记忆的构建[J].档案学通讯，2008（6）.

[11]凌怡娴. 探析城市记忆和档案关系[D].济南：山东大学，2016.

[12]谭必勇.社会记忆构建与地方特色档案资源整合与传播——以"近现代中国苏州丝绸档案"为例的考察[J].兰台世界，2018（6）.

[13]李晓冉.文化遗产数字化保护与开发构想——以沧州武术数字记忆建构为例[J].兰台世界，2017（21）.

[14]刘云霞，张莹.论新形势下档案机构在城市记忆构建中的角色定位[J].黑龙江档案，2017（4）.

[15]罗学玲.社会记忆构建视角下档案的发展策略[J].湖北师范学院学报（哲学社会科学版），2013，33（5）.

[16]熊志冲.城市体育文化之研究[J].成都体院学报，1987，02：15-17.

[17]辜德宏，蔡端伟，杨雪.城市体育元素的定义、属性、类别与功能探析[J].体育文化导刊，2017(11)：10-13+5.

[18]樊炳有.城市体育文化记忆研究［M］.苏州：苏州大学出版社，2017.

[19]王媛媛，樊炳有.城市体育文化记忆的思想来源及内涵[J].武术研究，2017，2(07)：141-143.

[20]张奇，张颖，李小谦.体育文化在山东文化建设中的地位与作用研究[J].体育与世界，2009(9).

[21]沈小芳.城市体育文化研究综述[J].现代交际，2012(03)：127+126.

[22]钟振新.城市体育文化创新研究[J].体育文化导刊，2009：8-9.

[23]李先国，李建国.城市体育文化创新探析[J].体育与科学，2007(4).

[24]沈小芳.城市体育文化研究综述[J].现代交际，2012(03)：127+126.

[25]向武云.论城市广场体育文化[J].体育社会科学，2006（6）.

[26]程一辉，庄昔聪，吴蓉蓉.论体育文化产业的传播与开发[J].体育科学研究，2004(4)：13-16.

[27]张孔军，于祥.首都体育文化创意产业定位研究[J].体育文化导刊，2007(8)：21-22，36.

[28]尹博，冯霞.北京体育文化创意产业研究［J］.体育学刊，2010，17(6)：21-24.

[29]Davis C. Oral History［M］.Chicago：American Library Association，

1978.

[30] [英] 保罗·汤普森. 过去的声音. 覃方明, 渠东, 张旅平, 译. 沈阳: 辽宁教育出版社, 牛津大学出版社, 2000.

[31]定宜庄, 汪润. 口述史读本·导言 [M]. 北京: 北京大学出版社, 2011.

[32]唐德刚. 文学与口述历史 [J]. 台湾传记文学, 1984, (4).

[33]李星星. 中国口述史研究综述 [J]. 哈尔滨学院学报, 2016, 37(10): 126-130.

[34]杨雁斌. 口述史学百年透视 (下) [J]. 国外社会科学, 1998(03): 3-8.

[35]路艳霞. 口述史: 让历史充满原生质感[N]. 北京日报, 2011-12-08(1).

[36]熊月之. 口述史的价值 [J]. 史林, 2000, (3).

[37]李星星. 中国口述史研究综述 [J]. 哈尔滨学院学报, 2016, 37(10): 126-130.

[38]曹龙飞. 武术家口述史研究述评[J]. 武术研究, 2021, 6(05): 35-36+43.

[39]龚彦豪, 胡峻榕. 体育非物质文化遗产传承人口述史的价值研究[J]. 当代体育科技, 2019, 9(08): 179-180.

[40]张波, 鲍婷, 夏天, 韩重阳, 葛春林. 经验, 反思, 启示: 新中国70年中国女排发展历程口述史研究[J]. 天津体育学院学报, 2021, 36(01): 117-124.

[41]周维方. 体育科学方法论的技术创新及其实践——程志理与苏炳添、徐梦桃对话的口述史文本[J]. 体育与科学, 2021, 42(01): 34-39.

[42]王俊. 用历史发展思维指导体育史学研究[A]. 国家体育总局体育文化发展中心、中国体育科学学会体育史分会. 2020年体育史年会论文摘要集[C]. 国家体育总局体育文化发展中心、中国体育科学学会体育史分会: 国家体育总局体育文化发展中心, 2020: 2.

[43]汤琪. 试论口述史对于体育博物馆的作用[J]. 浙江体育科学, 2020, 42(04): 13-17.

[44]平少康, 王震. 口述史视角下武术非物质文化遗产的保护路径研究[J]. 体

育文化导刊，2018（03）：44-48.

[45]刘洋波，冯鑫.仡佬族民俗传统体育"打篾鸡蛋"发展探析[J].运动精品，2018，37（11）：74-75.

[46]尹玉彰，张银行.基于口述史方法的武术研究现状[J].辽宁体育科技，2020，42（02）：95-99.

[47]郑杭生.社会学概论新修精编本（第二版）[M].中国人民大学出版社，2015.

[48]李春丽. 基于档案微信公众号的社会记忆构建研究[D].山西大学，2020.

[49]许典利.刍议档案与社会记忆的关系[J]. 兰台世界，2010（6）：31-32.

[50]孙德忠.社会记忆论[M].武汉：湖北人民出版社，2007.24.117.

[51]李春丽.基于档案微信公众号的社会记忆构建研究[D].山西大学，2020.

[52]胡俊青.社会记忆对红色旅游的吸引力的影响研究[D].湖南师范大学，2020.

[53]帕克等.城市社会学[M].北京：华夏出版社，1987:2～3 .

[54]周细琴.城市体育研究述评[J].科技资讯，2010（05）：218-219.

[55] 李志伟. 城市体育文化建设的思考分析与研究 [J]. 汉字文化，2020（04）：189-190.

[56]黄汉升.体育科学研究方法[M].北京：高等教育出版社，2015.180.

[57]定宜庄，汪润.口述史读本[M].北京大学出版社，2011.1.

[58]［法］莫里斯·哈布瓦赫. 论集体记忆［M］.毕然，郭金华译. 上海：上海人民出版社，2002.

[59]［美］保罗·康纳顿. 社会如何记忆［M］. 纳日碧力戈译. 上海：上海人民出版社，2000.

[60]扬·阿斯曼（德）.文化记忆：早期高级文化中的文字、会议和政治身份［M］. 金寿福，黄晓晨，译 . 北京大学出版社，2015：27-41.

[61]皮埃尔·诺拉（法）. 记忆之场：法国国民意志的文化社会史［M］. 黄

艳红，译. 南京大学出版社，2015.

[62]云新明. 呼和浩特市人民政府关于公共体育设施建设情况的报告[R/OL].

（2021-06-04）. http://www. northnewsh. cn/p/2001170. html

[63]苗欣. 首府：让体育发展成果惠及千家万户[N]. 呼和浩特日报

（汉），20-10-28（001）.

[64]内蒙古师大附中志[M]. 内蒙古教育出版社，1994.

[65]李瑛，王珺. 呼和浩特市志卷三十六·体育[M]. 呼和浩特：内蒙古人民

出版社，2002.